基礎からわかる

リトミック！リトミック！

石丸由理・著

ひかりのくに

はじめに

こどもと音楽

音楽には、魅力的な要素がたくさん詰まっています

口ずさみたくなるメロディー
思わず身体が動きだしてしまうリズム
心を揺さぶられる音や響きのハーモニー

そんな音楽を使ってこどもを育てようと考えたのが
エミール・ジャック＝ダルクローズ（1865-1950)、リトミックの考案者です

リトミック教育

リトミックは、音楽のいろいろな要素を使って
聴いたことを自分で判断し
動きを通して表現することで
音感
リズム感
タイミング
運動能力を育てていきます

また、友達といっしょに身体を動かして音楽を表現することで
人との関わりの大切さ
人の気持ちや心を理解する力
注意深く聴いたり 記憶したり 考えたりする力
興味をもって物事に立ち向かい 積極的に取り組む力
不思議に思ったり感激したりする心　などなど
幼児期に身につけたい多くの要素を備えています

心や身体の柔軟な時期に、自分の力で考え
学ぶことのおもしろさを自分で身につけるレッスンを実現して
毎日の生活の中で、リトミックで学んだことを生き生きと再現し
豊かな発想や可能性をもったこどもに育ってほしいと願っています

Contents

はじめに ……………………………………… 2
リトミック教育 ……………………………… 3

Ⅰ リトミックの練習に必要な準備 6

環境づくり ……………………………………… 8
保育者の心の準備 ……………………………… 9
リトミックに必要なピアノの演奏 ………… 10
 リトミックの動きと音楽 ………………… 11
 4分音符のメロディー ❶ ………………… 12
 4分音符のメロディー ❷ ………………… 14
 8分音符のメロディー …………………… 16
 2分音符のメロディー …………………… 18
 ギャロップとスキップ …………………… 20
 ついてとって ……………………………… 22
 あげてとって ……………………………… 24
 即興でつくるメロディー ❶ ……………… 26
 即興でつくるメロディー ❷ ……………… 28
 いろいろな奏法・合図の音 ……………… 30
こどもの成長・発達と音楽 ………………… 32
 0歳児 ………………………………………… 32
 1歳児 ………………………………………… 34
 2歳児 ………………………………………… 36
 3歳児 ………………………………………… 38
 4歳児 ………………………………………… 40
 5歳児 ………………………………………… 42

Ⅱ 前菜 はじめのリトミック 44

はじめる前に ………………………………… 46
 リトミックのレッスンについて

はじめのリトミックとは？ ………………… 49
① グーパーあそび …………………………… 50
② グーグーあそび …………………………… 52
③ グーパー変身あそび ……………………… 54
④ パーのあそび ❶ …………………………… 56
⑤ パーのあそび ❷ …………………………… 58
⑥ 1本指のあそび …………………………… 60
⑦ 5本指のあそび ❶ ………………………… 62
⑧ 5本指のあそび ❷ ………………………… 64
⑨ なまえあそび ❶ …………………………… 66
⑩ なまえあそび ❷ …………………………… 68

Ⅲ 主菜 メインのリトミック　70

メインのリトミックとは？ ……… 72
基礎リズムの動き ……… 74
① 高い音・低い音 ……… 76
② だんだん高くだんだん低く ……… 78
③ スカーフのお花 ……… 80
④ 2人組で手合わせ ……… 82
⑤ ぎったんばっこ ……… 84
⑥ 電車とトンネル ……… 86
⑦ 運転手になって ❶ ……… 88
⑧ 運転手になって ❷ ……… 90
⑨ 忍者ごっこ ……… 92
⑩ スキップ ……… 94
⑪ いろいろな木 ……… 96
⑫ 2人組でフレーズあそび ……… 98
⑬ ケンパー ……… 100
⑭ ポーズあそび ……… 102
⑮ フレーズでこんにちは ……… 104
⑯ フレーズでじゃんけん ❶ ……… 106
⑰ フレーズでじゃんけん ❷ ……… 108
⑱ フープあそび ❶ ……… 110
⑲ フープあそび ❷ ……… 112
⑳ ボールあそび ❶ ……… 114
㉑ ボールあそび ❷ ……… 116

Ⅳ デザート まとめのリトミック　118

① おともだちになっちゃった ……… 120
② きょうからともだち ……… 122
③ まわせまわせ ……… 124
④ なべなべそこぬけ ……… 126
⑤ うみはともだち ……… 128
⑥ 絵描き歌 ……… 130
⑦ みぎてとひだりて ……… 132
⑧ くりくりくり ……… 134
⑨ ゾウさんのおともだち ……… 136
⑩ やまのなかをあるいていたら ……… 138
⑪ サンタクロースのプレゼント ……… 140

掲載曲 List ……… 142
あとがき ……… 144

Chapter I

リトミックの練習に必要な準備

環境づくり

保育者の心の準備

リトミックに必要なピアノの演奏

 リトミックの動きと音楽

 4分音符のメロディー ❶

 4分音符のメロディー ❷

 8分音符のメロディー

 2分音符のメロディー

 ギャロップとスキップ

 ついてとって

 あげてとって

 即興でつくるメロディー ❶

 即興でつくるメロディー ❷

 いろいろな奏法・合図の音

こどもの成長・発達と音楽

 0歳児

 1歳児

 2歳児

 3歳児

 4歳児

 5歳児

環境づくり

◆ 部屋の温度、換気、活動の時間を考えること

リトミックでは身体を動かしますので、快適な空間を確保する必要があります
室温、換気に気をつけましょう

また、身体を動かすときは、こどもの体調に気をつけましょう
　こどもは疲れていませんか？
　暑すぎたり寒すぎたりしませんか？

集中力の欠けているときに活動すると、動きがだらだらしたり
こども同士がぶつかったりして、事故やトラブルを引き起こすことがあります

特に激しい動きや、体力を使う運動のときは、時間を考える　など
こどもの体調やようすに、いつも目を配りましょう

◆ 身体を動かしやすい服装、安全なスペースで活動すること

動きやすい身体の動きがわかる服装、素足で活動しましょう

足は心臓から離れていますが、動かし使うことで心臓の働きを助けています
また、足の裏には身体中の神経のツボが集まっています
安全な床を確保して、素足で活動することで、足裏に刺激を与え
しっかりと土踏まずを育てて、運動に必要な筋肉も育てていきましょう

素足では危ない床、また床面が冷たすぎるときは、靴が必要ですが
できるだけ素足で活動できるところを探しましょう

I　リトミックのレッスンに必要な準備

🎵 保育者の心の準備

◆ 無理にやり方を押しつけないこと！

リトミックは、決められた動きを練習したり
決められた活動をしたり
評価したりするものではありません
こどもが、『音楽といっしょに動いていたら自然にできるようになっていた！』
と感じられるようなレッスンにしましょう

◆ 音楽教育であることを忘れないこと！

リトミックで使う音楽はBGMではありません
流れている音楽が、動きを引き出すものでなかったら
ピアノを演奏する意味がありません
いつも音楽と動きが合っていること
そして音楽教育であることを忘れないようにしましょう

◆ 積み重ねを大切にしながら、いつも新鮮なチャレンジを忘れないこと！

上手に繰り返しを生かすことは、学びの中でとても大切な要素です
しかし、毎回全く同じような繰り返しになってしまうと
こどもの中に自動性が生まれてしまい、音楽を聴かない、そして
考えないで活動するようになってしまいます

毎回違う活動をするのではなく
活動の長さやタイミングを変えてみたり、身体の違う部分を使ってみたり
繰り返しの活動の順番に変化をつけてみたりと
いつも新鮮なチャレンジになるように工夫しましょう

◆ 教えながら、自分も成長できるようなレッスンを展開すること

保育者がすべてやり方を決めて教え込むのではなく
音楽を通してこどもが感じ、表現したいことを引き出し
いつもこどもと共に学び合う気持ちを大切にしましょう

Ⅰ ♪ リトミックに必要なピアノの演奏

> リトミックのレッスンの中で、ピアノの演奏は大きな役割を持っています
> それは
> リトミックのレッスンは、こどもに言葉で動きを指示するのではなく
> 流れてきた音楽をこどもが聴いて、その音楽によって自由に動くからです

ピアノは、いろいろなことができます

　高い音から低い音まで出せます
　強い音から弱い音まで出せます
　短い音から長い音まで出せます
　速い音もゆっくりの音も出せます

　１つの音でも演奏できるし
　同時にたくさんの音を出すこともできます

そして何よりピアノから生まれる音楽で
人の気持ちを大きく動かすことができます

しかし、ピアノに頼りすぎて、音数や音量が多く大きくなりすぎると
耳ですべてを受け止めることが難しくなります

　単音で
　２つの音を重ねて
　たくさんの音で
　たくさんの音を重ねて
　黒鍵だけで
　全音音階を使って　　などなど

メロディーを弾くことだけでなく、動きに必要な要素を考えて
目的に合う、最小の音でのシンプルな演奏にチャレンジしましょう

こどもの耳はとても敏感に音に反応します
小さな物音にも、敏感に反応できます
そんな小さなやさしい耳に、必要なことを的確に伝えることがいちばん大切です
必要以上な音量や情報量にならないように、いつも気をつけましょう

♪ リトミックの動きと音楽

Ⅰ リトミックのレッスンに必要な準備

> リズムのことばかり考えて
> 歩くときは４分音符のリズムで弾くことだけを
> 考えている方がいますが、それは違います
> 年齢によって、気分によって、歩く速さが変わりませんか？
> 気分によって、疲れ具合によって歩く速さだけでなく歩き方も変わりませんか？
> リトミックのレッスンでは、先生がこどものようすを見ながら
> そのときに合った音楽を演奏することがとても大切なのです

動きに合わせてピアノを弾くというとき、まず動きをよく考える必要があります

どんな速さ？
　速い動きだったら、テンポが速くなります
　ゆっくりの動きだったら、テンポはゆっくりになります

どんな動き？
　つま先立ちや高いポジションの動きだったら、高い音域で弾きましょう
　座っての動き、床の上での動きだったら、低い音域で弾きましょう

どんな雰囲気？
　楽しい感じ、おどけた感じ、跳ねた感じ、なめらかな感じ・・・
　雰囲気に合わせた弾き方を工夫しましょう

リトミックのレッスンに、ピアノの演奏は欠かせません
目的に合った、シンプルな即興演奏に慣れましょう

♪ 4分音符のメロディー ❶

● となりの音をつないで、5音のシンプルなメロディーをつくりましょう

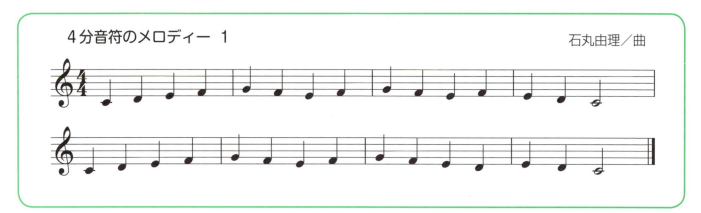

ポイント 次々と新しい音を加えないで
同じメロディーを繰り返して弾きましょう

● パターンの音形を、繰り返したり、発展させたりしましょう

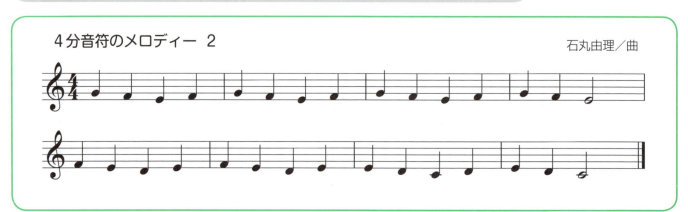

ポイント 音形を決めて、出発の音を変えて弾きましょう

Ⅰ リトミックのレッスンに必要な準備

● 単音の伴奏をつけましょう

4分音符のメロディー 1のバリエーション ＜伴奏つきA＞　　石丸由理／曲

ポイント 2小節のフレーズを意識して弾きましょう

練習 1つ1つの音を切らないように、なめらかに弾きましょう
少しゆっくり、小さな音で弾きましょう

● 伴奏の形を変えてみましょう

4分音符のメロディー 1のバリエーション ＜伴奏つきB＞　　石丸由理／曲

練習 左手の伴奏が大きな音にならないように
メロディーをなめらかに弾いたり、音を切って少し跳ねる練習をしましょう

♪ 4分音符のメロディー ❷

● 5音で、跳躍進行のシンプルなメロディーをつくりましょう

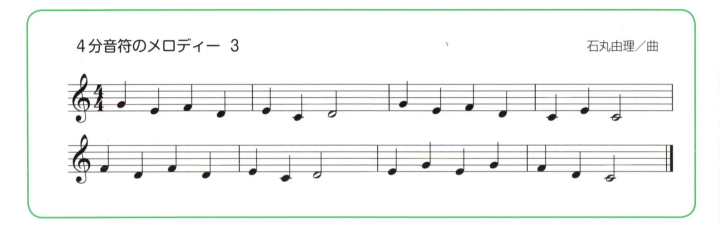

ポイント 次々に新しい音を加えないで、同じメロディーを繰り返しましょう

● 跳躍している音の間に、8分音符の音を加えましょう

ポイント いろいろなところに8分音符を入れて、メロディーを変化させましょう
間を埋める音はいろいろ可能性がありますが、必要以上に音を入れすぎないこと
繰り返しを上手に使いましょう

I リトミックのレッスンに必要な準備

● 単音の伴奏をつけましょう

4分音符のメロディー 3のバリエーションC ＜伴奏つき＞　　　石丸由理／曲

ポイント　左手で弾いている音が、動きの速さを導く音になります
演奏するときに、指の動きと、動きのイメージを重ねるように意識しましょう

練習　動きのイメージを頭に浮かべて弾きましょう
ちょっとゆっくり歩くときは？
　⇒テンポを落としてゆっくりと、音をつなげるように弾きましょう
そっと歩くときは？
　⇒音量を落として、やさしく弾きましょう
元気に歩くときは？
　⇒少し音を切るように、歯切れよく弾きましょう

8分音符のメロディー

● 8分音符の伴奏の曲を弾きましょう

8分音符のメロディー　＜かけあし＞　　　　石丸由理／曲

ポイント　伴奏は、手首をやわらかくして、軽快に弾きましょう
軽くて速い動きには、ペダルを使わないで弾きましょう

I リトミックのレッスンに必要な準備

● 低い音域で弾くと、転がる動きの曲になります

8分音符のメロディーのバリエーション ＜ ごろごろころがる ＞　　石丸由理／曲

ポイント　ペダルを使って、転がる感じを出しましょう

2分音符のメロディー

● 2分音符の曲を弾きましょう

2分音符のメロディー　＜ ゆっくりあるき ＞　　　　　石丸由理／曲

ポイント　ペダルを上手に使って、ゆっくり動くときの曲を弾きましょう

I リトミックのレッスンに必要な準備

● 高い音域で弾くと、ふわふわ飛ぶような動きの曲になります

2分音符のメロディーのバリエーション　＜ ふわふわ飛んで ＞　　石丸由理／曲

ポイント　ペダルを十分に使って、そっと弾きましょう

> ギャロップとスキップは同じリズムですが、動きが違います
> ギャロップは馬が走るように、同じ足をずっと前にして、跳ねるように動きます
> スキップは同じ足を2回ずつ跳ねる動きになります

♪ ギャロップとスキップ

● ギャロップの曲を弾きましょう

ギャロップは、同じ足がずっと前の運動になります
どちらの足が前になっても運動できるようにしましょう
勢いのある動きなので、歯切れよく弾きましょう

ポイント 動きをはじめる前に、前に進まないで
両足をその場でバウンス(弾ませて)させてみましょう
活動をよく見て、こどもが動きやすい速さで弾きましょう

ギャロップ　　　　　　　　　　　　　　　　　石丸由理／曲

Ⅰ　リトミックのレッスンに必要な準備

●スキップの音楽を弾きましょう

ポイント　はじめは８分の６拍子で
大きなスキップを練習しましょう
脚力がついてきたら
４分音符のスキップも練習しましょう

こどもが動きやすい速さで弾きましょう

ゆっくりのスキップ　　　　石丸由理／曲

ひざを曲げる動きや、ボールをつく動きの曲を練習しましょう

♪ ついてとって（ボール）

● ひざの曲げ伸ばしの動作は、まず身体が下に下がり、上に戻ります

ポイント ひざを曲げた動きが、音楽の1拍目になります
こどもの動きを見ながら弾きましょう

まげてまげて

Ⅰ リトミックのレッスンに必要な準備

● ボールを使って

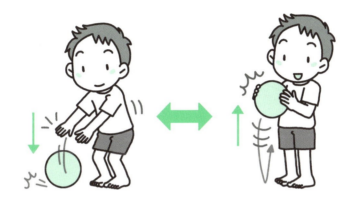

ポイント ボールをついたときが、音楽の1拍目になります
こどもの動きを見ながら弾きましょう

石丸由理／曲

伸び上がる動きや、ボールを投げる動きの曲を練習しましょう

♪ あげてとって（ボール）

● 伸び上がる動作は、まず身体が上に上がり、下に戻ります

ポイント 上に伸び上がったときが、音楽の1拍目になります
こどもの動きを見ながら弾きましょう

のびてのびて

Ⅰ リトミックのレッスンに必要な準備

● ボールを使って

 ボールを投げ上げないで
手からちょっと離すような動きにしましょう

ポイント ボールを投げたときが、音楽の1拍目、ボールを取ったときが2拍目になります
ボールを取るときの音に、アクセントをつけて弾きましょう
こどもの動きを見ながら弾きましょう

石丸由理／曲

いろいろな場面で使える、便利な即興演奏を練習しましょう

即興でつくるメロディー ①

● 黒鍵（鍵盤の黒いキー）だけ使って即興演奏をしましょう

「ねこふんじゃった」でもおなじみですが、黒鍵は5音の音階
ペンタトニックスケールの1つです
日本民謡や演歌、多くのスコットランド民謡に使われています

練習1　黒鍵だけを弾いてみましょう
響きに慣れてきたら単音のメロディーで
忍者の駆け足のイメージで弾いてみましょう

練習2　となりの2つの音を重ねて弾いてみましょう
忍者の、そっと歩きのイメージで2本指で
となりの音を重ねて、ペダルを使って弾いてみましょう

Ⅰ リトミックのレッスンに必要な準備

● 全音音階を使って、即興演奏をしましょう

全音音階はとなりの音との関係がすべて全音関係なので
どこから始めても、どこで終わっても、どの音を重ねても演奏できます

練習1 左右3本の指(ひとさし指、中指、薬指)で演奏して、響きのおもしろさを体験しましょう
ペダルを使って鍵盤の低いところで、海の中にいる気分でそっと弾きましょう

練習2 音を重ねて、不思議な音の響きを体験しましょう
ペダルを使って鍵盤の高いところで、宇宙遊泳をしている気分でそっと弾きましょう
  となりの音を、2本の指でいっしょに弾いてみる
  たくさんの音を重ねて弾いてみる　　　　　　など

即興でつくるメロディー 2

教会旋法を使って即興演奏をしましょう

ドリア旋法

「グリーンスリーブズ」はこの旋法の曲です
ドリア旋法は、落ち着いた感じの響きになります
音色のおもしろさを体験しましょう

練習 メロディーに、オスティナートの伴奏（同じ型の伴奏の繰り返し）をつけましょう

あるく 1 ＜２分音符の速さの のんびりあるき＞　　　石丸由理／曲

あるく 1のバリエーション ＜４分音符の速さの 静かなあるき＞　　　石丸由理／曲

I リトミックのレッスンに必要な準備

ミクソリディア旋法

この旋法は、元気がみなぎってくるような楽しい響きがあります
同じフレーズを何回か続けて弾いて
音色の不思議さを体験しましょう

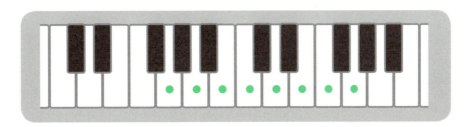

練習
- 同じフレーズを何回か続けて弾いて音の響きに慣れましょう
- メロディーに、オスティナートの伴奏をつけましょう

あるく 2 ＜お散歩あるき＞　　石丸由理／曲

あるく 2のバリエーション　＜元気なあるき＞　　石丸由理／曲

リトミックの活動で使うピアノの奏法を練習しましょう
合図の音は、動きのための準備の時間を考えて弾きましょう

♪ いろいろな奏法・合図の音

● リトミックの活動で使うピアノの奏法を練習しましょう

グリッサンド

●身体が下から上に上がる動き、元気よく立ち上がるとき
●役割や方向、組み合わせの人が変わるとき　など

手のひらを上にして、指の爪で鍵盤を滑らせて演奏する奏法
低い音から高い音に滑らせるときは右手で
高い音から低い音に滑らせるときは左手を使います

トリル

となり合った音や和音をすばやく交互に演奏する奏法

●役割や方向、組み合わせの人が変わるとき　など

アルペジオ

和音を同時に弾かないで、順にずらして弾く奏法

●やわらかい動き
●ゆっくり交替するとき
●前のことと切り離して新しい雰囲気で活動をはじめたいとき　など

Ⅰ リトミックのレッスンに必要な準備

鍵盤を軽くたたく

手のひらや、数本の指で、鍵盤や黒鍵をたたく奏法

- 急に動作を止めたいとき
- すぐに座るとき（低音域の音）　など

だんだん高く　だんだん低く

半音階を使って

和音を使って

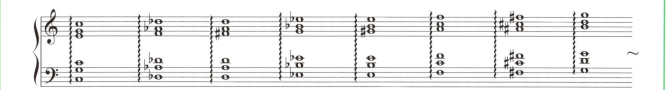

こどもは生まれたときから
いろいろな刺激を受けて日々成長していきます
そんなこどもの成長・発達を、音や音楽の面からも認識しましょう

♪ こどもの成長・発達と音楽（0歳児）

0歳児の特徴とリトミック

聴覚の発達

聴覚はおなかの中にいるときから育っています
音が耳に入り、聴覚野・鼓膜で感じた音を受け取り「聞こえる」と感じていた耳は
いろいろな音や刺激を受けることで、音を「聴き分ける」能力に育っていき
音やリズムに合わせて身体を動かしはじめ、音と共に声を出しはじめます

やがて言葉を理解しはじめると、その聴く力は、運動能力、学習能力
コミュニケーション能力につながっていきます

視覚の発達

生まれたときは、ボーっとしか見えていなかった目も
だんだん輪郭を認識し、ものを目で追ったり手で取ろうとしたりしはじめます
ものをジーッと見て、見たものを覚えることができるようになると
他の感覚機能も使って、隠したものを探すなどができるようになります

運動の発達

手足を動かしながら、手を口にもっていく動作を通して、手足を認識したり
自分の意思で目的をもって手足を動かしはじめます
手の届くものに興味を示して、つかんだり、持ち替えたりができるようになると
机をたたいたり、ものをもらったり渡したりの遊びがはじまり
他人との関わりも学んでいきます

両足をばたばた動かしながら筋肉が育ち、首がすわり、お座りができるようになると
ハイハイ、つかまり立ち、ひとり歩き、につながっていき、方向や目的をもって
行動する基礎につながる運動野・視覚野の刺激につながっています

I リトミックのレッスンに必要な準備

コミュニケーションの発達

単語を理解しはじめ、ひとり言がはじまると、要求や興味を声で表し
音の出るものに興味を示します
身近な人を理解し、褒められたり、名前を呼ばれたりすると喜びます

赤ちゃんは、身体を触られることで、喜びます
手や足には刺激を与えることができるツボがたくさん集まっています
遊びながら刺激してあげましょう

体幹の平衡感覚が育ち、お尻をつけてお座りができるようになると
視野も広がり、興味が広がります
たくさん言葉がけをして
興味をもつものについて説明してあげましょう

リトミックのヒント

身体を、軽くたたいたり、さすったり、手足の曲げ伸ばしをしたりしてみましょう
音楽に合わせて、身体のいろいろな部分を、たたいたりさすったりしてみましょう

身体を触るとき、いろいろなリズムをつけたり、たたく速さを変えたりして遊びましょう

新しいものを見つけては、好奇心を膨らませていきます
活動時には赤ちゃんの安全を大切に考えて、安全な場所を確保しましょう

繰り返して遊ぶことで、身体中に刺激を受けて成長していきます
赤ちゃんのご機嫌がよいときに活動しましょう

赤ちゃんの耳はとても敏感です
音量が大きくなりすぎないように気をつけましょう

こどもの成長・発達と音楽（1歳児）

1歳児の特徴とリトミック

聴覚の発達

人の声に振り向き、簡単な指示に従えるようになると
遊びながら、意味のない言葉をしゃべったり、まねしたりしはじめます
聴き分ける耳が育ってきて、興味のある音とない音が出てきます

視覚の発達

動いているおもちゃやボールが、どこに行くかを考えて
その方向に目を向けることができるようになります

運動の発達

歩けるようになると世界が広がり、いろいろなものに興味が出てきて
活動範囲が大きくなり、自分でやってみたい気持ちが膨らんできます

手が使えるようになると、遊びも広がり、つかむ、拾う、引っ張る、押す
たたく、めくるなど、さまざまな行動ができるようになります

コミュニケーションの発達

身近な人を理解できるようになると、他人に人見知りをするようになったり
身近な大人に、強く依存したりしたがります
また、何でも自分でやってみたい気持ちから好奇心や意欲が育ち
自分の気持ちを少しずつ言葉で表現できるようになります
周りの人や行動に興味が出てくると、同じことをしたがったり
不満を訴えたりするようになります

Ⅰ　リトミックのレッスンに必要な準備

ある日突然できるようになってびっくり！
こんなことがありますが、決して突然できるようになったのではありません
こどもが耳を使い、観察しながら学びを積み重ねた結果です

こどもの心を育てる大切な時期です
冒険心や不思議に思う心
安心感や楽しさ
人との関わりで学ぶ喜びなど
豊かな感性を蓄えることをたくさん経験させましょう

リトミックのヒント

歩いたり止まったり、手をたたいたり揺れたりの動きができるようになります
歩けるようになると、足だけでなく、身体のいろいろな部分の筋肉が育ち
だんだんしなやかな動きができるようになってきます
運動能力の発達は、知的発達にも大きく関わり、表情が豊かになり
観察力、記憶力が、どんどん育っていきます

つかんだり、たたいたりが楽しいときです
いろいろな音色のものを使って、音色の違いを経験できるようにしましょう

棒や先のとがったものは、何かやわらかいものを巻いたり取りつけたりして
危険にならないように配慮してください
また、大きな音が出すぎないように、道具や楽器を工夫しましょう

難しいことを教え込むのではなく、繰り返しを大切にして
必ずだれでもできる音やリズムのまねっこなどからはじめてみましょう
できたときにたくさん褒めて、できる喜びを経験することを大切にしましょう

上手にできるようになったら、少しずつ新しい要素を加えて
こどもの興味を膨らませることを大切にしましょう

こどもが興味を示さなかったり、持続できなかったりしたら、無理に続けないで
時間をおいて再度チャレンジしてみましょう
より興味を示せるように工夫することを考えて
いつも楽しくチャレンジしながら学ぶことを大切にしましょう

こどもの成長・発達と音楽（2歳児）

2歳児の特徴とリトミック

聴覚の発達

言葉の理解が進み、自分の気持ちや要求を言葉で伝えることが少しずつできるようになります
音の高低、強弱、リズムの違い、音色の聴き分けができるようになります
聴いたものを覚えたり、歌に言葉をつけて歌ったりできるようになります

視覚の発達

視覚の中に入るものに、興味を示したと思うと、すぐに他のものに目移りするなど
忙しく動きはじめます

運動の発達

歩く、走る、止まる、ボールをける、投げるなど、理解して行動できるようになります
しかし、自分の能力とできることが一致しないので、転んだりぶつかったりを繰り返しながら
身体の動きを学んでいきます
遊びの中から、人との関わりを広げていきましょう

コミュニケーションの発達

言葉を使って人と関わることができるようになってきます
洋服の着替え、食事やトイレも自分でやる意欲がわいてきます

ごっこ遊びやなりきり遊びができるようになります

自我が育ってきて、行動範囲が広がり、探究心や探索心が芽生え
自分で何でもやりたくなりますが、思い通りにいかないとかんしゃくを起こし
自分でコントロールできなくなるときがあります

I リトミックのレッスンに必要な準備

> 毎日スポンジのようにいろいろなことを吸収して、自立心が育つときです
> やってはいけないこと、社会のルールも
> 少しずつ覚えていかなくてはいけない時期になります
> こどもは周りの大人に見守られている安心感があると
> 感情をコントロールしやすくなります
> じょうずに興味をもてるようにすることで
> 心の成長を見守っていきましょう

リトミックのヒント

音に合わせて身体を動かしたり、リズムをとって手をたたいたりできるようになり
音楽に合わせて自然に身体を動かすことができる時期です

歩く、走る、跳ぶなどの基本的な運動能力を伸ばして
身体のコントロールやしなやかさを養い、身体の中にリズム感を蓄えましょう

こどもによって運動能力の発達は全く違います
ひとりひとり、そのこどもに合ったゴールを見つけてあげましょう

ごっこ遊び、なりきり遊びなどを通して、社会のルールや我慢することも
少しずつ教えていきましょう

こどもの成長・発達と音楽（3歳児）

3歳児の特徴とリトミック

聴覚の発達

理解できる言葉が増えて、疑問を問いかけるなど知的興味が育ってきます
言葉の語彙が増え、自分の気持ちを言葉で表現できるようになります

音の高さを聴き分けることができるようになり、おうむ返しで
同じ高さで反復することができるようになります

歌の歌詞を覚えて、歌えるようになってきます

視覚の発達

ものを見て理解する力は、こどもによって差が出てきます

同じ形を見つけたり、違うところを探したりができるようになります

運動の発達

基本的な動き、歩く・走る・跳ぶ・転がる・はう・投げる・けるなどができるようになり
つま先歩きや、ゆっくり歩き、片足立ちも、できるようになります

運動の体験が増えると、自分の身体をコントロールする力が伸びていきます

コミュニケーションの発達

友達とのごっこ遊びや道具を使った遊びもできるようになっていきます
形や色の理解ができるようになります

Ⅰ リトミックのレッスンに必要な準備

音楽に合わせて身体を動かす事がより活発にできるようになるので
リズムのおもしろさ、メロディーやハーモニーの美しさ
音楽に合わせて動く楽しさをたくさん経験させましょう

リトミックのヒント

音楽のリズムに合わせて活動できるように
強い動き、そっとの動き、高い動き、低い動きなど
さまざまな活動をいろいろな速さで体験しましょう

グループでの活動ができるようになってきます
２人組、３人組などの活動を通して
上手に人と関わることを学びましょう

身体で表現する楽しさを経験しましょう
ごっこ遊びやなりきり遊びが好きな年頃ですので、いろいろなものに変身したり
ストーリーをつくって、そのお話に沿って動いたりしましょう

声の高さ、大きさを調整できるようになります
声の出し方を教えて、怒鳴ったりしないで歌えるように指導しましょう

音域（歌の中に出てくる音の幅）が広くなりすぎないように
歌を選曲するときに、高すぎる曲、低すぎる曲に気をつけましょう

レッスンの積み重ねを大切にして
繰り返しを上手に使って内容を発展させて
各々のこどもの発達に合ったゴールを見つけましょう

🎵 こどもの成長・発達と音楽（4歳児）

4歳児の特徴とリトミック

聴覚の発達

聴こえる音や音楽から想像して、遊びを発展できるようになります
音やフレーズを聴いて、覚えて反復できるようになります

視覚の発達

手足を意のままに使って、自由に見たり触れたりしながら
身近な自然や動物に興味をもって関わることを通して
色彩感覚、不思議な気持ちや想像力を育てていきます

見たものを身体で表現することを通して、心の安定や喜びを味わうことができます

運動の発達

跳ぶ力がついて、片足ケンケン、大きなジャンプ、ケンパなどができるようになり
サイドステップ、スキップもできるようになります

コミュニケーションの発達

語彙が増えて、感情を強く表すことができるようになり
仲良しの友達ができるとともに、ケンカも多くなりますが、同時に
がまんもできるようになってきます

褒められたり励まされたり共感してもらえたりすると大きな心の支えになります

I リトミックのレッスンに必要な準備

> 自立心が育ってくるので、自分なりの表現や表現したい意欲が出てきます
> 同時に他の人の気持ちも理解できるようになります
>
> 友達と、いっしょに活動する楽しさ、つくる喜びをたくさん経験させて
> 心を大きく豊かに育てていきましょう

リトミックのヒント

音楽に合わせて歩くときは、ひざを上手に使って動くようにしましょう

駆け足のときは、つま先を使って軽く走るようにしましょう

跳ぶ動作は、ひざに力が入らないように、屈伸を使ってやわらかく跳ぶようにしましょう

自分の気持ちを表現してくるので、他人との関わりの中で
好き嫌い、プライド心、負けずぎらいが出てきます

同時に自己コントロールする力、がまんする力、思いやりも育つときですので
リトミックを通して心も成長できるように心がけましょう

気持ちを表現できるようになりますので
歌の選曲は、音域、歌いやすさ、歌詞にも配慮して
気持ちをのせて表現できる喜びを経験しましょう

こどもの成長・発達と音楽（5歳児）

5歳児の特徴とリトミック

聴覚の発達

音楽の変化を聴き分けて、すぐに行動できるようになります
また、音の強さや高さを聴き分けたり
声を出して調整してニュアンスも表現したりできるようになります

視覚の発達

周りを見回して、自分がどうしたらよいかを考えることができます

運動の発達

縄跳びやボール投げなど、全身を使ってコントロールするような動作や
いくつかの動きを覚えて、組み合わせて動くことができるようになります

コミュニケーションの発達

自分でがんばる力、人に負けたくない気持ちが強くなりますが、同時に
友達への思いやりやがまんする心も育ってきます

I リトミックのレッスンに必要な準備

> 好奇心を上手に使っていろいろなことにチャレンジしたり
> うまくいかないことをどうしたらよいか考えたりと
> 自分たちで解決の道を探すことを通して
> 考える力、協力する力、思いやりなど
> 心を大きく育てる経験を深めていきましょう

リトミックのヒント

リズムに合わせて動いているときに
よりしなやかな無駄のない動きができるように
上手に言葉をかけていきましょう

自分がリーダーになったり、リーダーに従ったりと
さまざまな立場の場面が出てくるように工夫しましょう

2人組3人組で、各々が違う役割の活動にも挑戦しましょう

Chapter II

前菜
はじめのリトミック

はじめる前に
　　リトミックのレッスンについて

はじめのリトミックとは？
① グーパーあそび
② グーグーあそび
③ グーパー変身あそび
④ パーのあそび ①
⑤ パーのあそび ②
⑥ １本指のあそび
⑦ ５本指のあそび ①
⑧ ５本指のあそび ②
⑨ なまえあそび ①
⑩ なまえあそび ②

はじめる前に

レッスンの時間

時間帯、お天気、こどもの疲れ具合を考えましょう
　　　０～２歳児は１０～２０分程度
　　　３～５歳児は２０～３０分程度

集中力が続かない場合、無理にこどもを動かすと事故のもとになります
集中力がある場合はもう少し長くレッスンすることもできるでしょう

レッスンのテーマ

リトミックのレッスンは、いくつもの新しいことを次々とするのではなく
１つの大きなテーマに沿って、音楽の要素をいろいろな面から学んでいきましょう
また、音楽のテーマも毎回変えるのではなく、積み重ねのレッスンになるように考えていきましょう

レッスンのポイント

- 音楽が聞こえたら、すぐに身体を動かせるようにする
- リズムに合わせて身体を動かす
- 自分のことだけでなく周りを見回せる力をつけて、友達といっしょに活動したり
  表現したりするおもしろさを経験させる
- こどもができないことに直面したときに、すぐ手を貸さないで
  どうしたらよいかを考える時間を与える

　　　できないことに直面したとき、自分の力でどうしたらよいかを考え
　　　自分の力で解決しようと考えて動く力を育てることが必要です
　　　こどもができていないときに、すぐに大人が解決法を示したり解決法を教え込んだりしてしまうと
　　　自分に何が必要なのかを学ぶチャンスを失います
　　　かえって自信をなくしたり、やる気をなくしたりしかねません
　　　自分の力で解決しなくては進まないことが自覚できるように
　　　すぐに手を出さないで、ちょっと見守り、できたときに褒めるようにしていきましょう

II 前菜 はじめのリトミック

レッスンのキーワード

1 ワクワク・ドキドキ

- 普通のこと、簡単なことはおもしろみがない　難しすぎるとあきる
    - おもしろそう、だからチャレンジしたくなり、結果できるようになる
- 同じこと、やったことの有ることは魅力がない
    - こどもの耳はどんどん成長します
    - 同じことの繰り返しは、惰性や注意不足を生みだします
    - 毎回ほんの少し何かを変化させたり、新しい要素を加えたりと
    - 聴く力を伸ばし、できることを増やしていく
- これは本当に楽しい？　自分がやってみたい？
    - いつも先生自身が、自分が生徒になった気持ちで考える

2 音楽を音楽で教えて、音楽を表現する

- リトミックは、言葉でやり方を説明して活動するものではありません
  前もって決められた動きで動くのは、ダンスや体操
  やり方を説明するのではなく、だれでもできることから積み重ねていこう
    - 言葉の指示にこどもを従わせるのではなく
    - こども自身が音楽を聴いて、自分で判断して動くのがリトミック
    - まずだれでもできることからはじめて、説明が必要なときは
    - 音や活動と同時に少しずつ積み重ねていく
- 方法は1つではないし、先生が考えたことがいつもベストとは限らない
  こどもをよく見て、よりよい方法を考え、いつも自由に展開し
  つくっていくことを忘れないようにする
    - しかしあくまでも音楽表現であることを忘れないこと

3 上手に褒めてこどものやる気を育てる

- 褒め方にはテクニックが必要。ただ褒めるのではなく、こどもの心に
  入り込む褒め方が必要。こどもたちが自分たちの力で活動できたときに
  具体的に何がよかったか、言葉にして伝え、こども自身のがんばりが
  喜びに変わっていくようなレッスンにしていこう
    - よく聴ける、一生懸命やっている、そんなときは必ず褒める
    - できなかったことができるようになった瞬間に、褒めてあげる
    - 友達に気を配ってあげることができたときは、ありがとうと褒める
    - 注意したことができるようになった瞬間に、必ず褒める

> こどもは本来身体を動かすのが大好きです
> リトミックの動きのおもしろさ楽しさを伝えるために
> 音楽を聴いて、チャレンジしたり、緊張したり
> 笑ったり、喜んだりを　身体中で感じさせてあげましょう

●リトミックは、毎日の活動のいろいろな場面で活用できます

- みんなのようすを知りたいとき
- 楽しい気持ちを共有したいとき
- リズム感をつけたいとき
- タイミングを学びたいとき
- 集中力をつけたいとき
- 考える力をつけたいとき
- 工夫したり、想像の世界を展開したりしたいとき
- みんなで協力する力をつけたいとき

目的に合わせて、レッスンの内容を考えていきましょう

レッスンの組み立て

大きく３つの部分に分けて考えていきましょう！

- 前菜 ……… はじめのリトミック
- 主菜 ……… メインのリトミック
- デザート …… まとめのリトミック

II 前菜 はじめのリトミック

前菜 はじめのリトミックとは？

● レッスンの導入です

だれでもできることで、こどもたちの注意を向けるような時間
みんなが食欲をそそられるような楽しいこと
ちょっとチャレンジするようなこと
同じようだけれども目新しくチャレンジできること　など

毎回全く同じことをするのではなく、少しずつ新しい要素を加えたり
繰り返しの中で少しずつできるようになるようなことを工夫しましょう

● 例えば、日常のこんな場面で活用できます

- ● 朝のあいさつのとき
- ● こどもを集中させたいとき
- ● ちょっと時間があいたとき
- ● 何かの活動と活動の間に
- ● こどもの気分を変えたいとき
- ● お帰りの前

　　　などにも使えます

Ⅱ ① グーパーあそび

P レッスンのポイント

リズムにのって、こどもたちの興味を上手に引きだして活動しましょう

年齢の小さなこどもは、みんなができることを大切にして
リズムにのって動きましょう

年齢の大きなこどもは、みんなができることからはじめて
チャレンジできるようなことに、少しずつ変化させていきましょう

２回目以降のレッスンも、必ずだれでもできるシンプルなことからはじめて
次々新しいことをするのではなく、動きのバリエーション、活動のバリエーションを
毎回のレッスンで１つずつ加えたり、取り換えたりしましょう

E はじめのエクササイズ

1 両手を前に出して、リズムにのって
両手を大きく動かしながら
ゆっくり　グー　パー　グー　パー

2 倍の速さで

3 すごく速く

4 両手でググググググ　せーの　パッ

Ⅱ 前菜 はじめのリトミック

V 活動のバリエーション

1 グーパーの組み合わせやリズムを変えて
2 片手ずつの動き　　（鏡の動作になるときは、先生は反対の手で）
3 リズムを変化させる　　　　ググググ パー　　　　など

A 発展のアクティビティ

1 グーパーの組み合わせやリズムを変えて

　　グー　　グー　　パー　　　　パー　　パー　　グー

　　グー　　パー　　グー　　　　グー　　パー　　グー　　　　など

2 グーとチョキの組み合わせにして

　　グー　チョキ　　グー　チョキ

　　グー　グー　チョキ　　グー　グー　チョキ

　　グー　チョキ　グー　　グー　チョキ　グー　　　　など

3 チョキとパーの組み合わせにして

　　チョキ　パー　　チョキ　パー

　　チョキ　チョキ　パー　　チョキ　チョキ　パー

　　チョキ　パー　チョキ　　チョキ　パー　チョキ　　　　など

4 グーチョキパーの組み合わせにして

　　グー　チョキ　パー　　グー　チョキ　パー

　　グー　チョキ　パー　　パー　チョキ　グー

　　グー　グー　チョキ　　チョキ　チョキ　パー　　　　など

Ⅱ ② グーグーあそび

いとまき

P レッスンのポイント

リズムにのって、こどもたちの想像力を生かして活動しましょう

年齢の小さなこどもは、ゆっくり練習して、動きをこどもに確認させましょう
半分近いこどもができないことは無理に押しつけないで
何回か練習を繰り返してあげましょう

年齢の大きなこどもも、途中でゆっくりの動きを入れて
自分ができているかを確認できるチャンスを与えましょう
みんなができるようになったら、いろいろチャレンジしましょう

E はじめのエクササイズ

1. 両手のグーで、かいぐり
（両手を胸の前でクルクル回す）
かいぐり

2. グーとグーでとんかちにする
グーグーのとんかち

3. ①②ができるようになったら、『いとまき』で遊びましょう

いとまき
作詞不詳　外国曲　石丸由理／編曲

い と まきまき　い と まきまき　ひい て ひい て　トン トン トン

かいぐり　　　ひっぱって　　　グーでトントン

II 前菜 はじめのリトミック

V 活動のバリエーション

1. 大きな靴が：大きな動作でゆっくりと
   小さな靴が：小さな動作でゆっくりと
2. 動物の靴にして、大きな靴にするのか、小さな靴にするかを決めてから遊ぶ
3. ○○ちゃんの靴が：こどもの名前を入れてみんなの注目を浴びさせる
4. 四角い靴が：いろいろな形に変えて
5. ふわふわ靴が：リボンの靴がなど、いろいろな靴を想像させる
6. 色を使って
   　　　黄色いTシャツができた
   　　　赤いスカートができた
   　　　茶色のパンツができた
   　　　　　　だれかな…などでも遊べます

A 発展のアクティビティ

1. かいぐりを、同じ方向だけでなく、合図で反対回りも練習
2. とんかちの動作で左右の手の上下を合図で取り換える
3. 4回ずつ、2回ずつ、1回ずつなど回数を決めて
4. 両手をたたいていて合図でとんかちの動作に

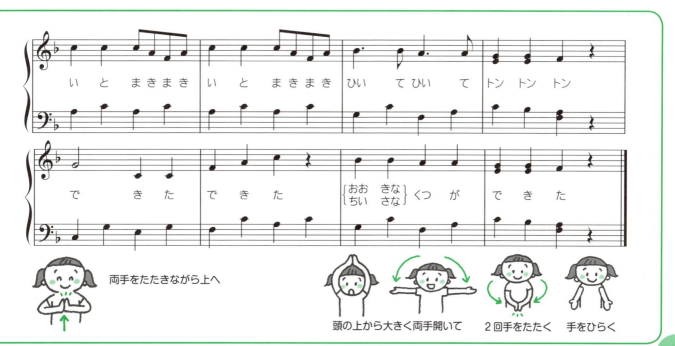

いと まきまき　いと まきまき　ひいて ひいて　トン トン トン
で きた　で きた　｛おおきな／ちいさな｝ くつが　で きた

両手をたたきながら上へ　　頭の上から大きく両手開いて　2回手をたたく　手をひらく

Ⅱ ③ グーパー変身あそび

むすんでひらいて

P レッスンのポイント

歌の終わりでいろいろなものに変身して、表現力を育てましょう

E はじめのエクササイズ

1. むすんでひらいての曲を歌いながら、動きを覚えましょう

2. 曲の終わりで上に伸ばした手で、ウサギに変身します
   ウサギになって跳んでみましょう

V 活動のバリエーション

1. ゆっくり、速くなど、いろいろな速さで歌をうたいましょう

2. 小さな声でそっと、元気に大きな動作でなど、気分を変えて歌ってみましょう

むすんでひらいて

作詞不詳　J.J.ルソー／曲　石丸由理／編曲

II 前菜 はじめのリトミック

A 発展のアクティビティ

同じ課題を繰り返すことで、こどもは自分のやることを理解して動けるようになります
特に年齢の小さなこどもは、同じ動きを3回くらい繰り返してあげると
やっていることを理解して、安心して動くことができます
次々と新しいことをするのではなく、繰り返しを大切にして、活動の内容を理解して
動けるようにしてあげましょう

●変身できる動きの例

● 両手を上
　ウサギになってピョンピョン跳ぶ
　木になって大きく揺れる
　お星さまになって
　キラキラさせる

● 両手を横
　飛行機になって
　空を飛ぶイメージで
　ヘリコプターになってくるくる回る
　チョウチョウになって飛ぶ

● 両手を前
　ゾウの鼻にして、ゆ～ら ゆ～ら揺らす
　ボクシング　両手をグーにして、交替に前に出す
　運転手さんになってハンドルを回す

● 両手を下
　カエルになって跳ぶ
　おすもうさんになって
　よいしょ、よいしょ、と、しこを踏む
　4つ足の動物（イヌ、ネコ…）になって

④ パーのあそび ①

パンケーキ

P レッスンのポイント

リズムにのって楽しく遊びましょう
遊びながら、判断力を養いましょう

E はじめのエクササイズ

1 はじめにみんなで手をたたきましょう
そっとたたいたり、途中でほっぺ、耳、など
顔のいろいろな部分に手を置きましょう

2 活動しているときと、動きを制止させる
サイレンスの時間をつくりましょう

 サイレンスが入ると
次に音を注意深く聴く
きっかけになります

3 年齢の大きなこどもは、顔だけでなく、ひじ
ひざ、手首、足首、かかと、胸など、身体の
いろいろな部分の名称も覚えましょう

パンケーキ

♩=2 ✗ ✗ | ✗ ✗ | ✗ ✗ ✗ ✗ | ✗ ✗ |
　　パンケー　キ　　パンケー　キ　　パンパン　パンパン　パンケー　キ

手をたたく　手を前に

4回手をたたく

II 前菜 はじめのリトミック

A 発展のアクティビティ

1 1人でできるようになったら、2人組でお互いの顔で

2 年齢の大きなこどもは2人組になって遊びましょう

パンケーキ	パンケーキ	パンパンパンパン	パンケー　　　キ
Aのこども	Bのこども	手をたたく	2つ手をたたく　手合わせ

など

3 パーやグーで、もっと遊んでみましょう
- パーのあとに手をたたいて、ハム　パン
- パーのあとにグーで、ハンバー　グー　など

続きの動きとして加えたり、いっしょに考えたりしましょう

石丸由理／詞・曲

ゆでたま　ご　　ゆでたま　ご　　とんとん　とんとん　ゆでたま　ご

かいぐり　ほっぺに両手でグー

4回たたく

⑤ パーのあそび ❷

幸せなら手をたたこう

P レッスンのポイント

歌の途中で、手をたたいたり肩をたたいたりといろいろな動作が入る曲です
前もって歌の説明や動作の説明をするのではなく
はじめのあそびの中で、出てくる動きを前もって提示しておきましょう

E はじめのエクササイズ

1 歌詞の中に出てくる動きを考えて
リズムにのって手をたたく
肩をたたく、足で地面を踏みしめる
などの動きを練習しましょう

2 ずっと同じ活動を続けるのではなく
途中で頭、おへそなど高低の聴き分けや
サイレンスを入れて、こどもの集中力を
途切れさせないようにしましょう

 ヒント

こどもが興奮してしまうときは声を出さないで
動作のみサイレンスで行うと集中力が養えます

Ⅱ 前菜 はじめのリトミック

Ⅴ 発展のバリエーション

1 1人での動きができるようになったら
2人組でお互いの身体を使ったり
交替で動作をしたりしましょう

2 自分たちで、新しいオリジナルの
動きを加えていきましょう

> **ヒント** こどもたちがアイディアを出したとき、はじめは多くても
> 2つまで採用して、みんながまた考えるチャンスを与えます
> いつも同じこどものアイディアにならないように
> みんなのアイディアを聞き入れてあげましょう

3 年齢の大きなこどもは、出てきたものをつなげて少しずつ長くしていき
歌いながら大きく動作をして、目で見て判断し、記憶する力も育てましょう

木村利人／詞　アメリカ曲　石丸由理／編曲

Ⅱ ⑥ 1本指のあそび

ちいさなはたけ

🅟 レッスンのポイント

指あそびの曲です
まず小さな畑だけで遊びます
次は大きな畑を加えて遊び、その次の機会に中くらいの畑を加えます
各々の動作で大きさの変化を体感させて、スペースの感覚を育てましょう

ちいさなはたけ

ちい さな はたけが ありました　ちい さな たねを まきました

 小さな畑　　 小さな種

 中くらいの畑　 中くらいの種

 大きな畑　　 大きな種

Ⅱ 前菜 はじめのリトミック

Ⅴ 活動のバリエーション

1. 小さな畑の歌の終わりで、小さな畑に咲いた小さなお花になって
そっと揺れて、最後に、フーッとお花を飛ばしましょう

2. 中くらいの畑の歌終わりで、中くらいの畑に咲いたお花になって、揺れたり
だんだん高く、だんだん低くなったりしてみましょう

3. 大きな畑の歌終わりで、大きなお花になって、身体中でゆっくり揺れたり
速く揺れたりと、身体中で表現しましょう

4. 畑にまいた種から、野菜もできます
小さなトマト、中くらいのキュウリ、大きなカボチャなど
歌終わりで、野菜に変身してみましょう

5. 小さなお庭にしたら、どんな歌になるでしょう・・・
オリジナルの歌づくりにも挑戦しましょう

作詞不詳　外国曲

ずん　ずん　ずん　ずん　め が の び て　は　な が さ き ま し た　ポッ

下から芽が伸びる

ポッ

パッ

ガバッ

⑦ 5本指のあそび ①

おべんとうばこのうた

レッスンのポイント

お弁当箱の中身を、5本の指を使って表現する手あそびの曲です
動きの速さに合わせて、スペースを上手に使いましょう

●導入あそび

1. 数と、指の出し方をまず練習しましょう
   年齢の小さなこどもは、数と指が結びつきません
   両手で、数えながら5本の指がすぐ出てくるようにしましょう
   年齢の大きなこどもは、いろいろな数の組み合わせで指を出して、巧緻性を養いましょう

2. お弁当の中身の指の動きを練習しましょう

3. はじめから2番までやるのではなく、1番のあそびが上手にできるようになったら
   2番のあそびを加えましょう

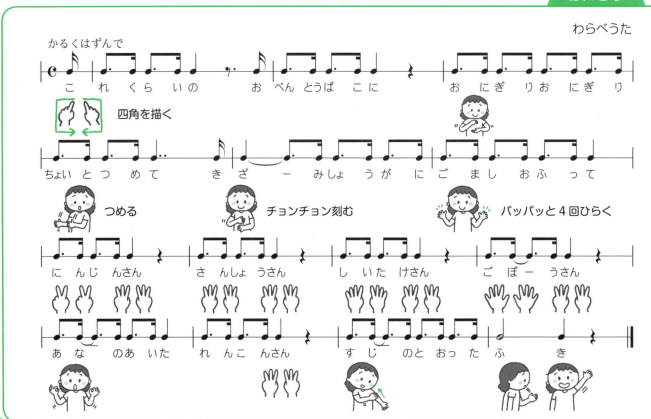

Ⅱ 前菜 はじめのリトミック

Ⅴ 活動のバリエーション

1. 大きなお弁当箱をつくりましょう
   スペースを大きく使って、大きく動きましょう

2. 小さなお弁当箱をつくりましょう
   少ないスペースを使って小さく、少し速く動きましょう

3. 2人組になって、各々片手だけ使って、2人で力を合わせて
   お弁当箱をつくりましょう

4. 2人でつくるお弁当箱を、合図で反対の手に取り換えましょう

サンドイッチ

わらべうた（補作不詳）

これっくらいの おべんどうばこに	サンドウイッチサンドウイッチ	
ちょいとつめて	カラシバターに 平らに	こなチーズふって 上下反対に
にんじんさん つめる	ハムさん 手のひらをなでる	きゅうりさん／いちごさん パッパッと4回ひらく
まあるいまあるい	さくらんぼさん	すじーのとおった／ベーコン

⑧ 5本指のあそび ②

はちべえさんとじゅうべえさん

P レッスンのポイント

指あそびの曲です
遊びを覚えたらいろいろなバリエーションに挑戦しましょう

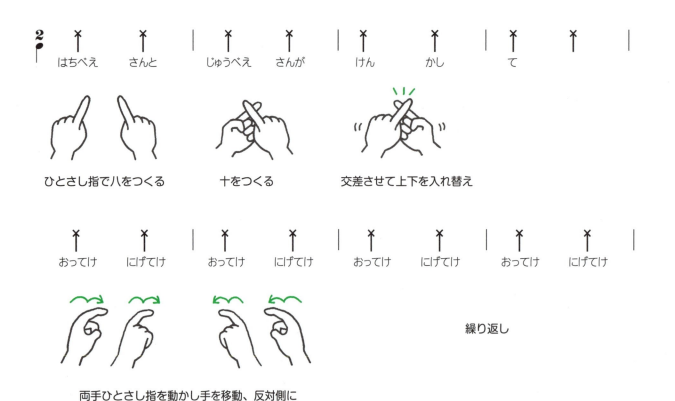

V 活動のバリエーション

各々のバリエーションのあそびは、次々新しいことをするのではなく
ひとつひとつのあそびのおもしろさが体感できるまで繰り返して遊びましょう

1 いろいろな速さで
　　　　　ゆっくり大きな動作で
　　　　　速く小さな動作で

2 1本指、2本指、3本指と指を増やして

3 2人組になって、各々片手だけ使って、2人で力を合わせて

4 声を出さないで、サイレンスで

わらべうた

いどの　なかに　おっこち　て　かーおを　だして　ごっつん　こ

片手を軽く握って穴　ひとさし指を上から入れる　ひとさし指を下から入れる　グーの上を手のひらでたたく

あいてて　てって　あいてて　てって　ごめーん　ごめーん　ごめーん

自分の頭を軽くさする　　両手のひとさし指でおじぎをする

⑨ なまえあそび ❶

P レッスンのポイント

自分の名前を使って、リズムに合わせて、タイミングよく活動できる力を養いましょう
みんながリズムにのって楽しく活動できることが大切なので、繰り返しの練習で
自信をつけてあげましょう

大きな声で怒鳴ったりしないで、普通の声で活動できるように気をつけましょう

リズムをたたくとき、必要以上に力が入らないように、気をつけましょう

E はじめのエクササイズ

1 ２拍子のリズムにのって、２つ手をたたいてから、みんなでとなりの人の名前を順番に言いましょう

♩ ♩ ｜ りな ちゃん ｜ ♩ ♩ ｜ じゅん くん

II 前菜 はじめのリトミック

2 できるようになったら、みんなで手を2つたたいた後に
1人ずつ順番に、自分の名前を言いましょう

♩ ♩ ｜ かれ ん ｜ ♩ ♩ ｜ たか みち

3 お休みを入れないで、どんどん名前を言って回しましょう

あん な ｜ さや か ｜ り な ｜ じゅ ん

4 名前を2人つなげて、長くしていきましょう

かれ んと たか みち ｜たか みちと あん な ｜あん なと さや か

V 活動のバリエーション

1 いつも同じ速さにならないように、少しゆっくり、少し速めになど速さを変えて遊びましょう

2 小さな声でそっと名前を回しましょう

3 いろいろな気分、笑って、泣きそうな気持ちで…と、いろいろな声で遊びましょう

4 自分の名前にポーズをつけたり、動いて表現したりしましょう

Ⅱ ⑩ なまえあそび ❷

年齢の大きなこどもの課題です
リズムに合わせて、名前を使って遊んでみましょう

P レッスンのポイント

リズムにのってみんなが参加できることが大切です
リズム感やタイミングを学びましょう

1 リズムに合わせて、2つ手をたたいて、ひざに手を置きます

2 できるようになったら、1人ずつ順番にたたいてみましょう

3 休みのところで、各自が自分の名前を言う練習をしましょう

4 休みのところで、クラスの友達の名前を順番にいれて
みんなで言ってみましょう

5 1人ずつ順番に、自分の名前を言って、次の人に回しましょう

II 前菜 はじめのリトミック

V 活動のバリエーション

みんなが気持ちを合わせて同じテンポで動作できることが大切です
うまくいかないときは次のことを確認してみましょう

1 全員がリズムに合わせて動作できますか？
- 動きがよく分かっていないときは、ゆっくりのテンポにして、動きを確認して
  リズムに合わせて身体が楽に動くようにしましょう
- 遅すぎてもかえってやりにくい場合があります
  動きを少し速く、遅くと変化させて、みんながいちばん心地よい速さを探しましょう

2 肩やひじに力を入れて動作していませんか？
手を強くたたきすぎていませんか？
気持ちよく動作ができるために、力の加減、音の大きさにも配慮できる耳を大切に育てましょう

3 自分の名前を言えますか？
恥ずかしがるこどもがいたら、はじめはみんなで小さな声から練習しましょう
できないこどもや、やらないこどもをそのままにしないで
みんなでできるように配慮しましょう

A 発展のアクティビティ

1 回すリズムを変えてみましょう
できる、できない、のチャレンジではありません
みんなががタイミングを学ぶことが目的ですので
必要以上に難しくしたり、長いリズムにしたりしないこと

2 好きな食べ物、果物、お菓子などに変えましょう
こどもたちも、バリエーションを考えましょう

メインのリトミック

メインのリトミックとは？
基礎リズムの動き
① 高い音・低い音
② だんだん高くだんだん低く
③ スカーフのお花
④ ２人組で手合わせ
⑤ ぎったんばっこ
⑥ 電車とトンネル
⑦ 運転手になって ①
⑧ 運転手になって ②
⑨ 忍者ごっこ
⑩ スキップ
⑪ いろいろな木
⑫ ２人組でフレーズあそび
⑬ ケンパー
⑭ ポーズあそび
⑮ フレーズでこんにちは
⑯ フレーズでじゃんけん ①
⑰ フレーズでじゃんけん ②
⑱ フープあそび ①
⑲ フープあそび ②
⑳ ボールあそび ①
㉑ ボールあそび ②

主菜 メインのリトミックとは？

レッスンの中心になる課題　音楽の要素を考えて
クラスに必要な課題を組み立てていきます

こどもに身につけさせたい要素

自分から耳を傾けて聴き、どうしたらよいかを判断する力
感覚を通して音楽を感じ、表現する力
音に対してすぐに反応できる力
記憶力、集中力
緊張とリラックスの使い分けができる適応力
学んだことをほかの場面でも使える力
人との上手な関わりを通しての社会性、協調性
人のアイディアを受け入れる力
自分のアイディアを創造する力
心の中で聴く力

こどもに学ばせたい音楽の要素

音楽の始まりと終わりの感覚
基本的なリズムの理解
ダイナミクス（音の強弱）
ピッチ（音の高低）
サイレンス（音のない時間）
いろいろなリズムパターン
リズムフレーズ
拍子の理解
いろいろな音色、ニュアンス
（音楽の中で表現される意味合い）の理解

Ⅲ 主菜 メインのリトミック

伸ばしたいこどもの動き

- 始まりと終わりの感覚
- 歩く、走る、片足跳び、ジャンプ
  ギャロップ、スキップ　など
- 揺れる、ねじる、はう、転がる
  足首、ひざ、腰、肩などの使い方　　など
- 柔軟性
- バランス感覚
- タイミング
- リズミカルな動き
- 空間の中での音楽表現
- 1人で、グループで、の動きの表現

リトミックのレッスンで使われる、基本的なリズムです
リズムによって、使うスペースが変化することを体感しましょう

基礎リズムの動き

◆ 4分音符の主な活動

　　歩く
　　跳ぶ：両足で、片足で
　　揺れる
　　たたく：手を、身体の部分を、楽器を　　など

◆ 8分音符の主な活動

　　走る
　　細かく動く、ふるえる
　　転がる
　　たたく　　　など

◆ 2分音符の主な活動

　　ゆっくり歩く
　　大きく跳ぶ
　　大きく揺れる
　　掘る　しこを踏む
　　たたく　　　など

> リトミックは、課題ができるようになる事だけが目的ではなく
> 音楽に合わせて動いている楽しさを体感して
> 無駄なく身体を使えるようになる事が大切です
>
> 歩いたり走ったりの動作をはさんだり
> 人の組み合わせを変えたりしながら活動を繰り返して
> 音楽に合わせて楽しく身体を動かせるようにしましょう

Ⅲ 主菜 メインのリトミック

Ⅴ 動きのバリエーション例

ステップのときに

足のいろいろな部分を使って：つま先で、かかとで、全部を使って
重さを変えて：重く　軽く
方向を変えて：前へ　後ろへ　横へ　ジグザグで　波形で
イメージをつけて：動物になって　乗り物になって　　　　　　など

手を使って

手をたたく
身体をたたく　　など

1人で　2人で　みんなで

横につながって
縦に列になって
向き合って
手や腕を組んで
決められたステップで　　など

動作のポジションの例

つま先立ちの動作
立っての動作
床での動作
寝転がっての動作　　など

レッスンで使える素材

スカーフ　ハンカチ
ボード　ブロック
フープ
ボール
楽器　　　　　　など

① 高い音・低い音

P レッスンのポイント

音の高い、低いを聴き分けて活動しましょう

E はじめのエクササイズ

1 音楽に合わせて手をたたきます
音が止まったら動きを止めましょう
こどもの動きが止まらないときは
音を止めるときにストップ！ と言ってあげましょう

音を止めるときは、アクセントをつけて弾き
鍵盤からすぐに手を離す

2 音楽に合わせて手をたたきます
高い合図の音で、すぐに頭の上に両手をのせましょう

ピアノの高音をげんこつ（グー）で
軽くたたく

3 音楽に合わせて手をたたきます
低い合図の音で、すぐに両手を
おへそにのせましょう

ピアノの低音をげんこつ（グー）で軽くたたく

4 歩きながら頭、おへそ、の音を聴き分けて
すぐに動作をしましょう

ミッキーマウスマーチ ＜ MICKEY MOUSE MARCH ＞

III 主菜 メインのリトミック

P 活動のポイント

先生の声や、音が大きくなればなるほどこどもは興奮します
普通の話し声、ちょっと小さめの音を使うことがこどもの集中力を育てます

こどもをよく見て、できたときに必ず褒めて、先生が何を望んでいるかが
伝わるようにしましょう

A 発展のアクティビティ

- こどもの集中力が欠けたときや気持ちを切り替えたいときなど、いつでも使える活動です
  すぐに判断して動けるようにしましょう

- こどもをよく見て、できたときには、必ず声をかけて褒めてあげましょう

- 先生が褒めてあげることで、こどもたちに先生が何を望んでいるかを伝えることができます
  皆がよくできているときこそ、忘れないで声をかけましょう

- まちがっているときは、何が違うかを伝えてあげて、できるようになったときに
  すかさず褒めましょう

Words and Music by Jimmie Dodd　石丸由理／編曲

② だんだん高く　だんだん低く

P レッスンのポイント

音楽がだんだん変化するのに合わせて、音の高低を聴き分けましょう
音楽に合わせて活動する楽しさを身につけましょう

E はじめのエクササイズ

1　音楽に合わせてだんだん高くなりましょう

さんぽ

Ⅲ 主菜 メインのリトミック

2 高くなったらすぐに下降のグリッサンドで低くなりましょう
数回繰り返して、こどもが音を聴いて動けるようになったら
音に合わせて高くなったり低くなったりしましょう

3 「さんぽ」の曲で、好きなところに歩いていきましょう

P 活動のポイント

こどもが興奮して音楽を聴けない場合は、こどもが落ち着いてから
再度チャレンジしましょう

A 発展のアクティビティ

次のレッスンでは新しいことを少しずつ加えていきます

1 だんだん高くなって、お花になって揺れる

2 だんだん低くなって床をごろごろ転がる

久石　譲／曲　石丸由理／編曲

③ スカーフのお花

P レッスンのポイント

スカーフ（少し張りのあるふわふわした布）もしくはハンカチを使って
音楽に合わせて身体を動かしましょう

こどもは手が短いので、思っているより速めの動きになります
動きをよく見て、こどもが動きやすい音楽の速さをさがしましょう

E はじめのエクササイズ

1　スカーフを音楽に合わせて
　　好きなように揺らしてみましょう
　　いろいろな揺れ方の可能性があります
　　揺れ方を発表し合ってみましょう

2　手の中にスカーフを丸めて
　　グリッサンドで、パッと両手をひらき
　　お花をつくりましょう

3　お花をだんだん高く、低くしましょう

4　1〜3の活動を繰り返しましょう

ちゅうりっぷ

Ⅲ 主菜 メインのリトミック

P 活動のポイント

スカーフを渡して、音楽に合わせて自由に揺らしましょう
先生が揺れ方の例を示すと、こどもはそれをまねして動くことになります

先生のやり方に従わせて活動するのではなく、音楽に合わせて揺れながら
まずこどもが自由に動いて、その中から音楽に合っている動きを
みんなで決めていきましょう

ただ勝手に動くのではなく、音楽がどんなようすなのか
スカーフはどうすると上手に使えるのかなど、こどもに声をかけて
いっしょにいろいろな可能性を試してみましょう

A 発展のアクティビティ

1 お花を急に速く揺らしたり、止まったりしてみましょう

> 速い動きにこどもが興奮して、音が聴けなくなるときがあります
> すぐに音を止めて、短い時間で何回も揺れてみたり
> 小さい音でゆっくり揺れてみたりと変化させて
> 音を聴いて動く習慣を身につけていきましょう

2 だんだん高くなって、頭の上で揺れたり、低くなって揺れたりしてみましょう

3 1人での活動だけでなく、友達と手をくっつけて大きなお花にして揺れましょう

井上武士／曲　石丸由理／編曲

④ 2人組で手合わせ

P レッスンのポイント

4分音符、2分音符のリズムの違いを聴き分けて
音楽に合わせて身体を動かしましょう

E はじめのエクササイズ

1. 座った姿勢で、4分音符の音楽に合わせて
手合わせ（手・ひざ）を練習しましょう

2. 立ち上がって、好きなところに歩いて
音楽が変わったら友達を見つけて
手合わせをして2人組になりましょう

3. 両手をつないで、「ぶらんこ」で、小さな速いスイング（左右に揺れる）をしましょう

4. 足を大きく開いて、「ゆっくりのぶらんこ」で、大きなゆっくりのスイングをしましょう

5. 2〜4の活動を繰り返しましょう

ぶらんこ ＜速いスイング＞　　芥川也寸志／曲　石丸由理／編曲

III 主菜 メインのリトミック

P 活動のポイント

手合わせの動作は、引く、押す、の２つの動作の組み合わせになるので
すぐに活動できないこどももいます
ゆっくり練習すれば必ずできるので、こどもにできないとあきらめさせないようにしましょう

２人組になれないこども同士を、先生が無理にくっつけるのではなく
自分でさがせるように、こどもの名前を呼んであげたり、声をかけたりして
まずこどものようすを見守りましょう

速いスイングはひざを使ってバウンス（上下に揺れる）しながら動作します
ゆっくりのスイングは両手を大きく動かして体重が左右に移動するように動きましょう

A 発展のアクティビティ

1. 手合わせの音楽からスイングの音楽に変わったら、新しい友達をすぐさがして
２人で活動しましょう

2. 手合わせをした友達、スイングをした友達を覚えておいて
リズムが変わったら、前に組んだ友達に戻りましょう

ゆっくりのぶらんこ ＜ゆっくりのスイング＞　芥川也寸志／曲　石丸由理／編曲

⑤ ぎったんばっこ

P レッスンのポイント

4分音符、2分音符のリズムの違いを聴き分けて
音楽に合わせて身体を動かしましょう

E はじめのエクササイズ

1 2人組になって、足を前に伸ばして座ります
ゆっくりの2分音符で、両手をつないで、ぎったんばっこをしましょう

2 4分音符の手合わせと、ぎったんばっこを組み合わせて繰り返しましょう

ぎったんばっこ

III 主菜 メインのリトミック

P 活動のポイント

ぎったんばっこの動きは、ゆっくりとスペースを大きく使って活動しましょう

かなりゆっくりの動きになりますので、こどもの動くようすを見ながら
運動に合った速さで、ピアノを弾きましょう

A 発展のアクティビティ

1 両手をつないでのぎったんばっこができるようになったら
グリッサンドを入れてこどもの向きを反対にして
背中合わせのぎったんばっこを加えましょう

2 2人で同じ方向を向いて、ぎったんばっこをしましょう
合図で、前の人と後ろの人が交替しましょう

石丸由理／曲

⑥ 電車とトンネル

P レッスンのポイント

電車のグループとトンネルのグループになって遊びましょう

E はじめのエクササイズ

1 2人でトンネルをつくって、半分のこどもはそのままトンネル
半分のこどもは電車になります
電車のこどもは、自由にトンネルをくぐっていきましょう

2 グリッサンドの合図で、電車とトンネルの役割を交替しましょう

きしゃぽっぽ

III 主菜 メインのリトミック

P 活動のポイント

役割を交替させて遊びますので、こどもたちが
遊びを理解していなくては遊べません

こどもが音楽を聴いて活動していることを確認しましょう

A 発展のアクティビティ

1. 途中でストップや、バックの動きを入れて、こどもが興奮しすぎないようにしましょう

2. 音楽が低くなったら、トンネルは両足を前にして座り、線路になり
電車は線路を飛び越えましょう

草川　信／曲　石丸由理／編曲

⑦ 運転手になって ❶

ボード、またはブロックなど手に持てる道具を使って活動しましょう

P レッスンのポイント

音が止まったら、すぐ止まれるようにしましょう
道具は大切に使いましょう

E はじめのエクササイズ

1. 座ったままボードをハンドルにして運転手になりましょう
   音楽が止まったらすぐに動きをストップします
2. 下にボードを置いて、手合わせの要領で、手、そしてボードをたたく動きを練習しましょう
3. だんだん大きくなって、運転手さんに変身して
   好きなところに出かけます
   音楽が止まったらすぐに止まります
4. 後ろを見ながらゆっくりバックします
5. 2〜4の活動を繰り返しましょう

バスバスはしる

Ⅲ 主菜 メインのリトミック

P 活動のポイント

こどもがうれしくなって興奮して走りだすと、止まるのが難しくなります
また、周りを見回して、人とぶつからないで動くことも大切です
こどもが興奮して走るようだったら、走ってすぐに止まる
1回だけ音を弾いて1歩進む、動きの静止の時間を長くする、など
こどもたちが音を聴いて動くおもしろさを上手に伝えましょう

A 発展のアクティビティ

1 ボードのたたき方をいろいろ変えてみましょう
　　ボードをたくさん速くたたく、ストップ
　　ボードをそっとたたく、ストップ
　　4つ手をたたいて、4つボードをたたく
　　数を決めてたたく　　など

2 背中にボードを背負うようにして
山登りをしましょう
地面を踏みしめるように
ひざを使って動作しましょう

3 頭にのせて
帽子にして
そっと
歩きましょう

4 ひざにはさんで
ウサギに変身して
跳びましょう

外国曲　石丸由理／編曲

⑧ 運転手になって❷

2人に1つのフープを使って、運転手になって活動しましょう

P レッスンのポイント

2人で協力して動きながら、音を聴いてすぐに動けるようにしましょう

E はじめのエクササイズ

1. 2人組になって座り、2人のまん中にフープを置いて
フープを使って手合わせを練習しましょう

2. 駆け足の音楽に合わせて1人がフープをハンドルにして運転手で出発！
ストップ！　合図の音で2人が交替！

3. 1〜2の活動を繰り返しましょう

Ⅲ 主菜 メインのリトミック

P 活動のポイント

1人が長い間フープを持って活動すると、残された人はすることがないので暇を持て余してしまいます。役割の交替をしながら、集中力を切らさないように配慮しましょう

A 発展のアクティビティ

運転手の動きにいろいろ加えていきましょう

- バックの動作を加えて
- 足の間にはさんで跳ぶ
- 上から下に向けてのグリッサンドで、自分の身体の上から下にフープをくぐらせる
- フープを縦にして、手を離さないように床の上を前に転がす
- フープを逆にして、手を離さないように後ろに転がす
- 1人で、2人で

⑨ 忍者ごっこ

忍者あそびをしましょう

P レッスンのポイント

お話をつくって、想像力や表現力を広げましょう

E はじめのエクササイズ

1 忍者になって、ゆっくり歩きを練習しましょう
ひざをやわらかく使えるように意識しましょう

ヒント ピアノの弾き方
低音域の黒鍵2音を2本指でゆっくり弾く

2 つま先で音が出ないように駆け足、ストップを練習しましょう

ヒント ピアノの弾き方
高音域の黒鍵を単音ですばやく弾く

3 壁の横を伝う歩き方、サイドステップを練習しましょう

ヒント ピアノの弾き方
中音域の黒鍵2音をスキップのリズムで繰り返して弾く

4 お話をつくって1〜3を繰り返して遊びましょう

Ⅲ 主菜 メインのリトミック

P 活動のポイント

動きがあいまいにならないように、何を表現しているか確認して
身体の使い方や動きの目的を、明確にして動けるようにしてあげましょう

A 発展のアクティビティ

1 活動のバリエーションを工夫しましょう
　　　水とんの術：床に上向きに寝てはう動作
　　　　　　　　　水の中を移動するイメージを伝えましょう

　　　分身の術：2人組が、合図の音で1人ずつに分かれる

2 グループでいろいろな動きをつなげてお話をつくって、発表し合いましょう

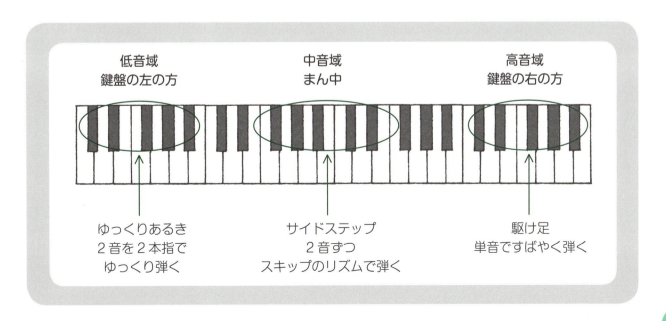

低音域　鍵盤の左の方　　ゆっくりあるき　2音を2本指でゆっくり弾く

中音域　まん中　　サイドステップ　2音ずつスキップのリズムで弾く

高音域　鍵盤の右の方　　駆け足　単音ですばやく弾く

⑩ スキップ

P レッスンのポイント

スキップを練習しましょう

E はじめのエクササイズ

1. ウサギになって、両足でジャンプしましょう
跳ぶ前にひざを曲げて準備することを
確認しましょう
地面に足が着地したときと、音を合わせます

2. 音楽に合わせて両足のジャンプが
できるようになったら、
片足ケンケンで前に進みましょう
合図で左右の足を交替しましょう

10人のインディアン ＜ジャンプ＞　　　アメリカ曲　石丸由理／編曲

Ⅲ 主菜 メインのリトミック

3 4つずつ片足ケンケンをしながら前に進みましょう
できるようになったら2つずつのケンケンで
前に進みましょう

4 スキップのリズムに変えましょう

片足
ケンケン4つ
ケンケン2つ

片足
ケンケン4つ
ケンケン2つ

A 発展のアクティビティ

1 いろいろな方向にスキップしましょう

2 高くスキップしましょう

3 大またでゆっくり、小またで速いスキップをしてみましょう

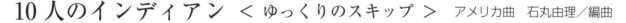

ゆっくりのスキップ ♩. ♪ を ♩♫ のリズムで弾きます

4 2人で手をつないでスキップしましょう

5 4つ歩いて4つスキップ、4つジャンプして4つスキップ　など
ほかの動きと組み合わせてみましょう

10人のインディアン ＜ゆっくりのスキップ＞　　アメリカ曲　石丸由理／編曲

⑪ いろいろな木

P レッスンのポイント

音の高低を使って、表現あそびをしましょう

E はじめのエクササイズ

1 だんだん大きくなって、好きな形の木に変身しましょう
周りを見回して、どんな形の木があるか言葉で表現しましょう

2 2人組になって、1人は床に転がりもう1人はその木をごろごろ転がしましょう
役割を交替しましょう

3 床の木はだんだん大きくなって風で揺れてみましょう
役割を交替しましょう

自分がどんな形の木になったのか
周りの木がどんな木に見えるか
言葉にしていきましょう

ころがる　＜木を転がす＞　　　バイエル曲

III 主菜 メインのリトミック

P 活動のポイント

好きな木に変身と言っても、どうしてよいかわからないこどもがほとんどです
　　すごく高い木になりましょう
　　すごく太い木になりましょう　　　など
具体的に活動を指示してあげると動きやすくなります

互いの動きを見て、形やようすを言葉にして批評し合うことで
自分の表現がどのようになっているかを確認できます

こどもたちの言葉に添えて、身体のようすがどうなっているか、先生も言葉を添えてあげて
身体のようすを、より確認できるようにしてあげましょう

A 発展のアクティビティ

役割を交替しましょう

1. 4人組で、すごく太い木をつくりましょう
　4人組で、こんがらがった木をつくりましょう

2. 1人は木になり、もう1人はかごを持って
木の周りを歩き回ります
高い音で、友達の木から、木の実を取って
かごに入れましょう
低い音で、下に落ちた木の実を拾って
かごに入れましょう

とってとって　　　　　　　　　　　　　　石丸由理／詞・曲

ひろってひろって　　　　　　　　　　　　石丸由理／詞・曲

⑫ 2人組でフレーズあそび

P レッスンのポイント

2小節のリズムフレーズを使って、2人組で気持ちを合わせて活動しましょう

E はじめのエクササイズ

1 音楽に合わせて、2人組でスイングをしましょう

2 4回スイングをして、5回目に両手で山をつくりましょう
両手でつくった山の中に頭を入れて
中からのぞき込むようにしましょう

3 両手でつくった山の中に入り、ひっくり返って
背中合わせになりましょう
背中合わせになったら、手を離して
新しい人と2人組になり
手合わせして、1234お山を繰り返しましょう

両手の山は
1回ずつ左右反対に
なります

左右にスイング

1 2 3 4

お山

左右に4回スイング

お山

ひっくり返って
背中合わせ

1234 お山

石丸由理／詞・曲

Ⅲ 主菜 メインのリトミック

P 活動のポイント

向き合っての動作なので、互いの利き腕の方にスイングしたくなります
2人の気持ちが合わないとうまく活動ができないので
2人組の組み合わせを変えて何回か練習して、左右に山をつくる練習をしましょう

A 発展のアクティビティ

1 背中合わせにひっくり返ったら、背中合わせでスイングして元に戻りましょう

2 3人組で活動してみましょう
3人でひっくり返るときは、2人が両手で山をつくり
両手の山をつくっていない人から順番に中に入ります

戻るときも、両手で山をつくっていない人から、戻ります
あわてないで、ゆっくり動作させましょう

3人でスイング

お山

お山に入る

ひっくり返り

1234 お山 ひっくりかえり

石丸由理／詞・曲

Ⅲ ⑬ ケンパー

P レッスンのポイント

音の高低を聴き分けて、活動しましょう

E はじめのエクササイズ

1 2人組になって、4分音符の手合わせをしましょう

2 音楽が低くなったら、グーパッの動きで好きなところに進みましょう

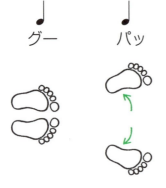

3 グーパッ を ケンパッ に変えて好きなところに行きましょう

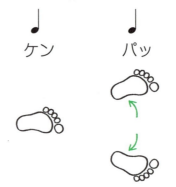

セブンステップス

作詞不詳　アメリカ曲　石丸由理／編曲

III 主菜 メインのリトミック

P 活動のポイント

手合わせで、リズムを確認してから足で動きましょう
ひざをやわらかく使って動けるようにしましょう

全身の体力をたくさん使う運動になりますので
長時間の活動になりすぎないように気をつけましょう

A 発展のアクティビティ

1 リズムパターンが聞こえたら
2人組で手合わせをしましょう

2 音楽が低くなったらグーグーパーの動きで
好きなところに進みましょう

3 長いフレーズにも挑戦しましょう

　　ケンパ　ケンパ　ケンケンパー
　　ケンケンパー　ケンケンパー　ケンパ　ケンパ　ケンケンパー

⑭ ポーズあそび

P レッスンのポイント

リズムパターンを使ってポーズあそびをしましょう
2人でリーダーを交替しながら、協調性を養いましょう

E はじめのエクササイズ

1 2人組で座ります。2つ手をたたいて頭、を練習します

2 リーダーを決めて、1人ずつ交替で動作しましょう
リーダーの動きが終わったら、もう1人はあとから追いかけて、動作します
相手が動作するまで、ポーズを動かさないようにしましょう

ポーズあそび

Ⅲ 主菜 メインのリトミック

3 リズムに合わせて動けるようになったら、肩　おへそ　ひざなど
押さえる身体の部分を変えましょう
リーダーが好きなところを選び、もう1人は同じ場所を追いかけます
相手が動作するまで、ポーズを動かさないようにしましょう

P 活動のポイント

2人の組み合わせをどんどん変えて、いろいろな人と活動できるようにしましょう

同じ人ばかりの組み合わせになったら、もう一度バラバラにしたり
どんどん違う人と組み合わせを変えたりしての手合わせあそびをしましょう

A 発展のアクティビティ

右手と左手を同じ場所ではなく、身体の違う部分2か所を押さえましょう
次々に新しいポーズを考えるのは難しいので、2～3回ポーズをしたら
リーダーを変えて活動しましょう

石丸由理／曲

⑮ フレーズでこんにちは

P レッスンのポイント

　リズムフレーズの遊びで、動きを理解して表現できる力を養いましょう

E はじめのエクササイズ

① 2人組で、リズムパターンの手合わせをしましょう

② 手合わせのリズムの前に、4つ足踏みをして、長いフレーズにしましょう

③ その場の足踏みを、前後の動きにして、スペースを使って遊びましょう

III 主菜 メインのリトミック

P 活動のポイント

動きを理解して、2人で覚えての動作です
相手と気持ちを合わせて活動しましょう

A 発展のアクティビティ

1 円になって、1人ずつ交替で手合わせをしていきましょう

 ヒント

同じ人ばかり交替するとみんなで遊べません
一度活動を止めて、どうしたらうまくできるのか
こども自身で考えて解決法を見つけていきましょう

2 4歩の歩きのリズムを、駆け足やスキップに変えてみましょう

きらきら星
駆け足じゃんけんの弾き方

石丸由理／編曲

きらきら星
スキップじゃんけんの弾き方

石丸由理／編曲

⑯ フレーズでじゃんけん ❶

P レッスンのポイント

リズムのじゃんけんあそびで、すぐに判断して行動できる力を養いましょう

E はじめのエクササイズ

1 4つ足踏みをして手合わせの、2小節のフレーズを練習しましょう

2 手合わせのところを、2つ手をたたいてじゃんけん、にしましょう

3 じゃんけんがあいこの場合はそのままですが
　負けた場合は、しゃがんで4つ足踏みしてじゃんけんです
　勝つまでそのままになります

Ⅲ 主菜 メインのリトミック

P 活動のポイント

じゃんけんが理解できない年齢の小さなこどもは
じゃんけんするだけで楽しく遊べます
勝敗に関わらず、タイミングを合わせて楽しみましょう

A 発展のアクティビティ

4歩の歩きを、駆け足やスキップに変えてみましょう

⑰ フレーズでじゃんけん ❷

P レッスンのポイント

じゃんけんの結果で、各々の活動が変わります
ルールを理解して、みんなで力を合わせて楽しく遊びましょう

E はじめのエクササイズ

1 4つ足踏みをして手合わせ、の2小節のフレーズを練習しましょう

2 手合わせのところを、2つ手をたたいてじゃんけんして
勝った人は強い子ポーズ
負けた人は勝った人の周りを駆け足で一周
あいこのときは、両手を上げてその場でクルクル回ります

勝った　　　　　　　　負けた　　　　　　　あいこ

きらきらじゃんけん　＜きらきら星・後半駆け足バージョン＞

フランス曲　石丸由理／編曲

III 主菜 メインのリトミック

A 発展のアクティビティ

8人組で、4人が向き合って並びます
はじめの1組が前に4つ歩いてじゃんけんをします
勝った人は、負けた人を自分のチームに連れていきます
負けた人は勝った人のチームに連れていかれます
あいこの場合は、各々のチームの後ろに戻ります

● 1列じゃんけん

● 2列じゃんけん

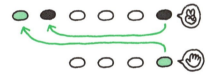
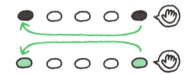

⑱ フープあそび １

P レッスンのポイント

フープを使ってのリトミックです
音楽に合わせてフープを使って活動しましょう

E はじめのエクササイズ

1 フープをハンドルにして、好きなところに駆け足
高い合図の音で、すぐにストップ
低い合図の音で、フープを下に置いて、中に立ちましょう

2 いろいろなリズムの音楽で活動して
音が止まったらすぐフープに戻りましょう

　　前に、後ろに、横に、ジグザグに・・・
　　といろいろな方向に進んでみましょう

　　笑って、怒って、泣いて、元気になど
　　いろいろな気分で歩いて
　　気持ちを表現して遊んでみましょう

ゴリラになって歩いたり、リスになって駆け足したり、
ウサギになって跳んだり、ヘビになって、はうなど
いろいろな動物の動きをみんなで練習して、遊びましょう

Ⅲ 主菜 メインのリトミック

P 活動のポイント

年齢の小さなこどもは、フープの色を２色にして活動しましょう

A 発展のアクティビティ

● フープの色を使って、役割を分担して、活動しましょう
　　例えば：　赤のフープの人　　　歩く
　　　　　　青のフープの人　　　駆け足
　　　　　　黄のフープの人　　　跳ぶ
　　　　　　緑のフープの人　　　はう　　　　など

● スキップで違う色のフープに移動して、活動しましょう

⑲ フープあそび ❷

P レッスンのポイント

2人に1本のフープでのリトミックです
2人で気持ちを合わせて、フープを使って活動しましょう

E はじめのエクササイズ

1 2人組で床にフープを置いて、1人が中に入ります
もう1人は音楽に合わせて動いていて、合図の音で役割を交替しましょう
歩く、駆け足、ゆっくりの動きなど、いろいろな動きで活動しましょう

すばやく
となりの音を反復する

2 1人がフープの下を
床につけて縦に持ち
トンネルをつくります
合図の音で、役割を
交替しましょう

III 主菜 メインのリトミック

P 活動のポイント

2人で役割を交替しながら、音楽に合わせて動けるように練習しましょう

A 発展のアクティビティ

1. 2人のまん中にフープを置いて、太鼓にしましょう
   たくさんたたく、ストップ
   4分音符のリズムでたたく、を練習しましょう

2. 1人は両手をたたく、もう1人はフープの太鼓を
   たたいて合図で交替します
   できるようになったら、4つずつ、2つずつなど
   と、数を決めて役割を交替しましょう

3. 2人でフープを持って、音に合わせて
   だんだん高く、低くの
   音のエレベーターで遊びましょう

⑳ ボールあそび ①

P レッスンのポイント

ボールを使ったリトミックです
ボールは扱いが難しい道具ですので、いろいろな遊び方をしてボールに慣れましょう

E はじめのエクササイズ

1. ボールをハンドルにして、好きなところに駆け足！
　高い合図の音で、すぐに頭の上にのせましょう
　低い合図の音で、ボールをおへそにつけましょう

2. 低い音の音楽が聞こえてきたら
手から離れないように
ボールを転がします

3. 高い音の音楽が聞こえてきたら
両足の間にボールをはさんで
ウサギになって跳びましょう

III 主菜 メインのリトミック

P 活動のポイント

冬場や寒いところにボールを置いておくと、ボールがすぐにしぼんでしまいますが
活動の前に、すぐに空気を入れないで、ヒーターなどの前に置いてみましょう
中の空気が暖められて、ボールがパンパンになります

A 発展のアクティビティ

1 ボールを背中にしょって、山登り
しっかり足を踏みしめて歩きましょう
ピアノは少し重ために弾きましょう

2 雨が降ってきたら
ボールを帽子にして駆け足

㉑ ボールあそび ❷

P レッスンのポイント

2人に1つのボールのリトミックです
音の高低を聴き分けて活動しましょう

E はじめのエクササイズ

1 2人で足を前に伸ばして座り、ボールが手から離れないように、周りを転がします

2 駆け足の音楽でボールを持っている人は、好きなところにボールを持って駆け足しましょう

3 高音の合図の音で、ボールをすぐに頭に

4 低音の合図の音で、ボールをおへそに

Ⅲ 主菜 メインのリトミック

P 活動のポイント

年齢の小さなこどもは、ボールを手から離さないでつかんだまま動作しましょう

いつもボールを持って活動するのではなく、エアーボール（ボールがあるつもり）で動作してみましょう

A 発展のアクティビティ

● ボールに慣れたらチャレンジしてみましょう

1 2拍子の音楽に合わせて、ボールをあげてとって

2 2拍子の音楽に合わせて、ボールをついてとって

3 動きをパターンにして遊びましょう

　　　例：3回ひざを曲げて、1回ボールをつく　　など
　　　　　4拍歩いて、2回あげてとって　　など

Chapter IV

デザート
まとめのリトミック

① おともだちになっちゃった
② きょうからともだち
③ まわせまわせ
④ なべなべそこぬけ
⑤ うみはともだち
⑥ 絵描き歌
⑦ みぎてとひだりて
⑧ くりくりくり
⑨ ゾウさんのおともだち
⑩ やまのなかをあるいていたら
⑪ サンタクロースのプレゼント

① おともだちになっちゃった

P 活動のポイント

♩♩♩ のリズムパターンの出てくるあそびです
円になって遊びましょう

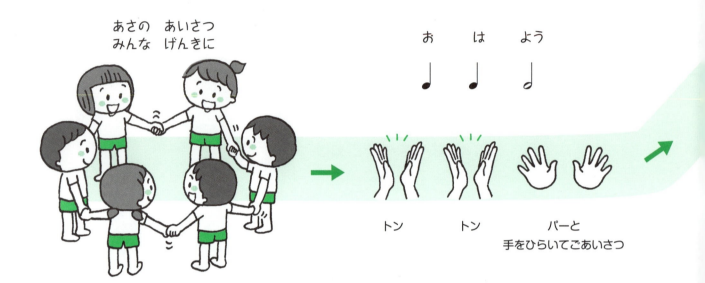

円になってつないだ手を振る

Ⅳ デザート まとめのリトミック

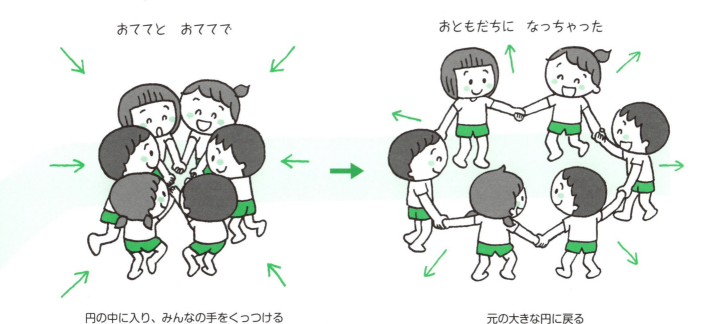

円の中に入り、みんなの手をくっつける　　元の大きな円に戻る

V 活動のバリエーション

いろいろなあいさつでも、遊んでみましょう
　　あ さのあいさつ　　お　は　よう
　　おひるのあいさつ　　こん にち　は
　　よ るのあいさつ　　こん ばん　は

② きょうからともだち

P 活動のポイント

円になってするあそびです
最後に好きなポーズをつくりましょう
みんなで丸くなって両手をつなぎます

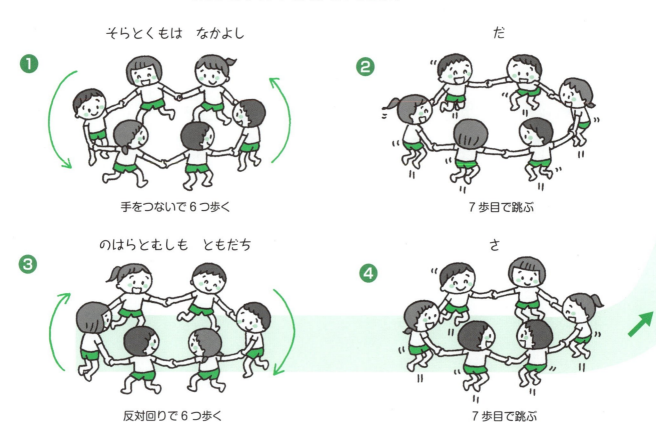

IV デザート まとめのリトミック

❺ きみと　ひざを3つたたく
❻ ぼくも　手を3つたたく
❼ きょうから　ともだち　となりの人と手を4回合わせる

❽ なかよしさ　その場でひと回り

❾ イエーイ！　好きなポーズで決まり！

V 活動のバリエーション

ポーズをつくった後に、2人組！とかけ声をかけて、次は2人組で活動しましょう

2人組の遊びの後にすぐに3人組にすると、1人余り仲間はずれが出てしまいます
駆け足やスキップを入れて、新しく組む人を探すようにするか
3人組 ⇒ 6人組 ⇒ 2人組などと、余りの人が出ないように配慮しましょう

③ まわせまわせ

活動のポイント

円になってするあそびです
歌いながらボールを回して、とまるかなの"な"のとき、ボールを持っていた人は
駆け足や、スキップ、動物になって、みんなのまわりを1周しましょう

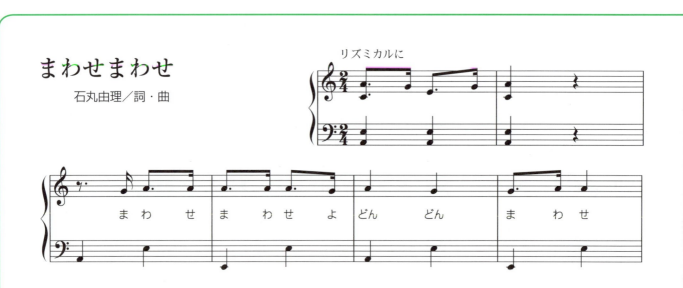

まわせまわせ
石丸由理／詞・曲

まわせ まわせ よ どん どん まわせ

Ⅳ デザート まとめのリトミック

Ⅴ 活動のバリエーション

2〜4色の色のひもを円くつなげて遊びましょう
曲の終わりで、色を言います
その色を握っていた人は、駆け足や、スキップ、動物になって
みんなのまわりを1周しましょう

だれの ところに とまる かな

④ なべなべそこぬけ

活動のポイント

　　２人組のあそびです
　　ゆっくり大きな動きで、タイミングを練習しましょう

　２人で向き合って　歌に合わせて手を振り
　　　　そこぬけ　で　背中合わせになり
　　　かえりましょう　で　もとに戻ります

IV まとめのリトミック

V 活動のバリエーション

2人組ができるようになったら、3人組、5人組で遊びましょう

3人組

3人で手をつないで円になります
　　　そこぬけ　で　3人のうち2人が手を上げ　もう1人が中をくぐり
　　　　2人もそれに続きます
かえりましょう　で　3人のうち2人が手を上げ　もう1人は後ろから中をくぐり
　　　　2人もそれに続きます

5人組、7人組

　　　そこぬけ　で　円の中で2人だけ手を上げ山をつくります
　　　　その山からいちばん遠い人（対角線の人）から順に中をくぐります
かえりましょう　で　はじめに山をくぐった人から後ろ向きに山をくぐり全員がそれに続きます

ヒント 人数が増えると ひっくり返るのにも 時間がかかります

そ　こ　が　ぬけ　たら　かえ　り　ま　しょう

⑤ うみはともだち

P 活動のポイント　まねっこのあそびです
２つのグループで、歌や動きのかけあいで遊びましょう

グループA　波をつくる　　→　グループB　Aのまねっこ

グループA　顔の横でキラキラ　　→　グループB　Aのまねっこ

うみはともだち
一樹和美／詞　石丸由理／曲

❶ ちゃ ぷ ちゃ ぷ な み
　 ちゃ ぷ ちゃ ぷ な み
❷ ちゃ ぷ ちゃ ぷ ちゃ ぷ
　 ちゃ ぷ ちゃ ぷ ちゃ ぷ
キ ラ キ ラ す な は ま
す い す い さ か な ー
キ ラ キ ラ キ ラ
す い す い す い

Ⅳ デザート まとめのリトミック

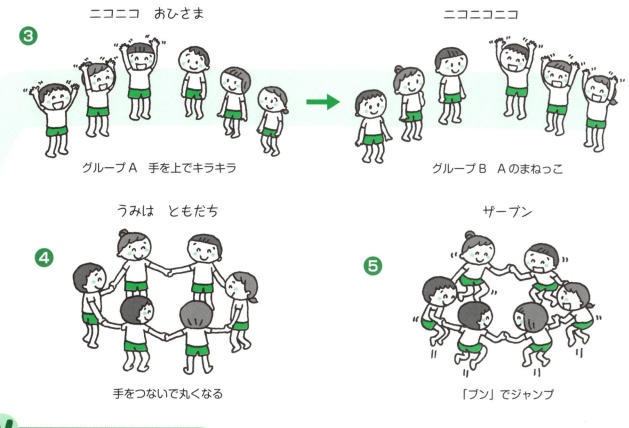

Ⅴ 活動のバリエーション

1人対みんなにして、海のようすを表現する動きを考えて
ポーズのまねっこで遊んでみましょう

⑥ 絵描き歌

P 活動のポイント

身体を動かしたら、絵描き歌で遊びましょう
紙に描く前に、空中に描く練習をしましょう

ヘビのえかきうた

へびさんへびさんどこいくの

あのやまこえて

わらべうた

かささして

サカナのえかきうた

わらべうた

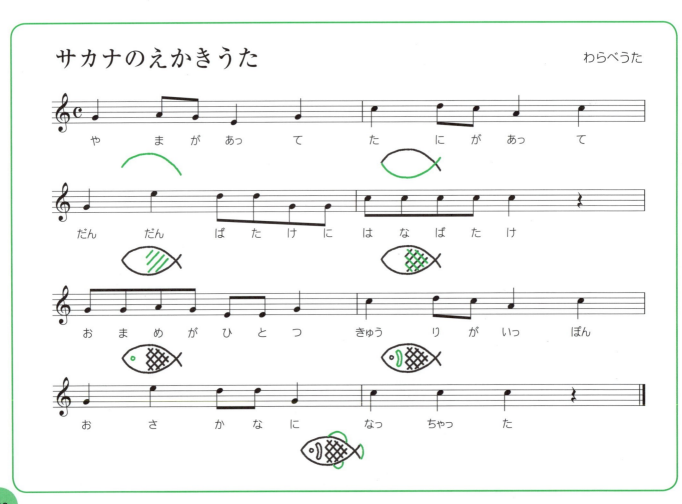

やまがあって　たにがあって
だんだんばたけに　はなばたけ
おまめがひとつ　きゅうりがいっぽん
おさかなになっちゃった

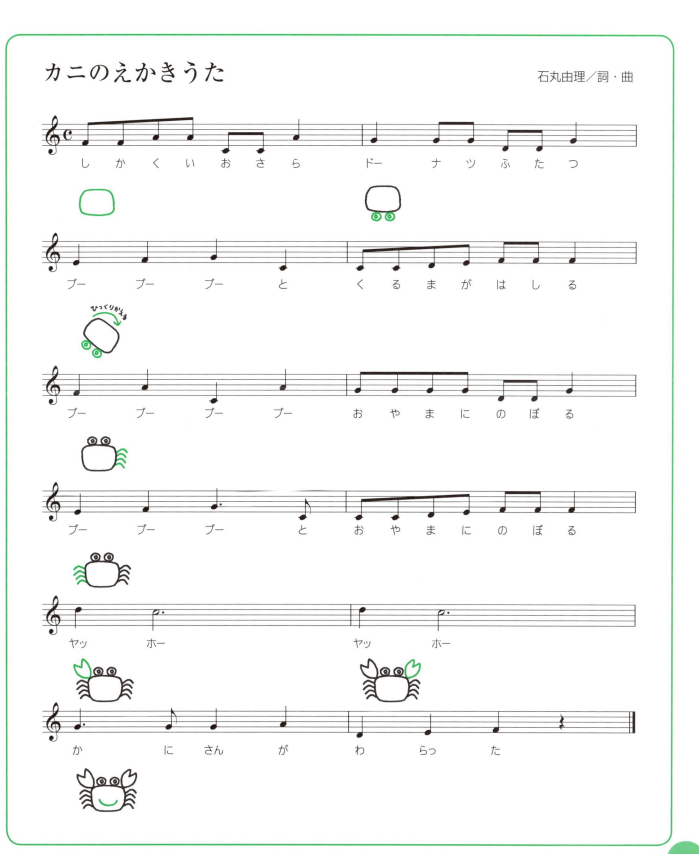

⑦ みぎてとひだりて

活動のポイント

右手と、左手を覚えて、曲の終わりで、いろいろなものに変身して遊びましょう
右手にリボンを結んであげると、わかりやすくなります

 みぎてを よこに　　 シュ シュ シュ

 ひだりも よこに　　 シュ シュ シュ

 こんどはりょうてで　 シュ シュ シュ

みぎてとひだりて

Ⅳ デザート まとめのリトミック

Ⅴ 活動のバリエーション

両手をいろいろな方向に伸ばして、いろいろなものになって遊びましょう

ヒント
♪ みぎてを うえに ニョキ ニョキ ニョキ
♪ みぎてを まえに ふわっ ふわっ ふわっ　など

石丸由理／詞・曲

シュ シュ シュ　こんどはりょうてで　シュ シュ シュ

⑧ くりくりくり

P 活動のポイント

木の実を集めて遊びましょう

Ⅳ デザート まとめのリトミック

高音域の「くり くり くり」の
曲が聞こえてきたら
音楽に合わせて 高いところから
木の実を取ってかごに入れましょう

低音域の「くり くり くり」の
曲が聞こえてきたら
音楽に合わせて 地面の木の実を
拾ってかごに入れましょう

石丸由理／詞・曲

くり／おお きな　くり／いば った　まつ ぼっ／まつ ぼっ　くり くり／くり くり

みんなでさがして　あつめまあつめま　しょ しょ くり くり　くり くり

⑨ ゾウさんのおともだち

P 活動のポイント 　円になってするあそびです
　　　　　　　　　　1人ゾウさんを決めて、ほかの友達は円になって座ります

Ⓐ
ゾウさんの　おともだち
ゾウさんの　おともだち
もりのなかを　あるいていたら
おともだちを

みつけたよ

ゾウさんはみんなのまわりを回ります
座っている人は　手をつないで歌いながら
手を振ります

ゾウさんはおともだちをみつけて
手をつなぎます

Ⅳ デザート まとめのリトミック

Ⅴ 活動のバリエーション

ゾウさんの代わりに、ウサギさん、ヘビさんなど、好きな動物になって遊びましょう
伴奏も、動物の動きに合わせて変えましょう

　　　　　　　　　　例：ウサギさんのときは、4分音符の和音で弾く
　　　　　　　　　　　　ヘビさんのときは右手と左手を交差させて、メロディーだけ
　　　　　　　　　　　2オクターブ低く弾く　　　など

Ⓑ
ラン　ララ　ラ………ン

2人で円の周りを駆け足で一周します
座っている人は手拍子で応援します

ゾウさんは円のあいているところに座り
手をつないでいたおともだちが
新しいゾウになります

石丸由理／詞・曲

⑩ やまのなかをあるいていたら

活動のポイント

リーダーが1人、円の中に入り、円体形で遊ぶポーズあそびです

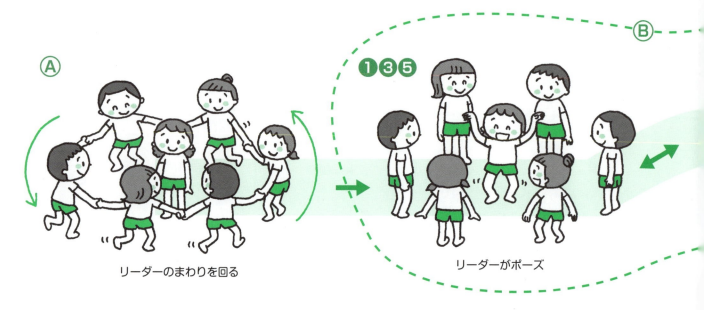

リーダーのまわりを回る　　　リーダーがポーズ

Ⓐの部分　みんなで円くなり、歌いながら回ります

やまのなかをあるいていたら

石丸由理／詞・曲

Ⅳ デザート まとめのリトミック

Ⓑの部分　リーダとみんながポーズのまねっこ
❶ リーダーが動く　❷ みんながまねっこ
❸ リーダー　❹ みんな
❺ リーダー　❻ みんな
と３回ポーズを繰り返して
後奏の２小節Ⓒで、リーダーが新しく変わります

みんながまねっこ

曲の終わりでリーダーが交替

Ⅴ 活動のバリエーション

同じような動きしか出てこないときは
みんなでどんな動きがあるかを、発表し合ってみましょう

⑪ サンタクロースのプレゼント

活動のポイント

円体形のあそびです
プレゼントの箱を1つ用意して
はじめのリーダーの後ろに置きます
後半の3拍子の曲で
フレーズに合わせて
プレゼントを渡しましょう

円になってつないだ手を振る
Aの終わりのくれたかな〜でリーダーは
プレゼントを手に持ちます

サンタクロースのプレゼント

石丸由理／詞・曲

Ⅳ デザート まとめのリトミック

Ⓑ
4小節のフレーズの間に前の人のところに行き、プレゼントを渡す
プレゼントを受け取った人は、次の4小節でほかの人にパス
曲終わりで、プレゼントを受け取った人は後ろに置いて繰り返します

掲載曲 List

曲の伴奏は、リトミックの活動に合わせて、動きやすいように編曲されています

I リトミックの練習に必要な準備

曲名	作曲者等	ページ
4分音符のメロディー 1	石丸由理／曲	12
4分音符のメロディー 2	石丸由理／曲	12
4分音符のメロディー 1のバリエーション ＜伴奏つきA＞	石丸由理／曲	13
4分音符のメロディー 1のバリエーション ＜伴奏つきB＞	石丸由理／曲	13
4分音符のメロディー 3	石丸由理／曲	14
4分音符のメロディー 3のバリエーションA	石丸由理／曲	14
4分音符のメロディー 3のバリエーションB	石丸由理／曲	14
4分音符のメロディー 3のバリエーションC ＜伴奏つき＞	石丸由理／曲	15
8分音符のメロディー ＜かけあし＞	石丸由理／曲	16
8分音符のメロディー のバリエーション ＜ごろごろころがる＞	石丸由理／曲	17
2分音符のメロディー ＜ゆっくりあるき＞	石丸由理／曲	18
2分音符のメロディー のバリエーション ＜ふわふわ飛んで＞	石丸由理／曲	19
ギャロップ	石丸由理／曲	20
ゆっくりのスキップ	石丸由理／曲	21
まげてまげて	石丸由理／曲	22,23
のびてのびて	石丸由理／曲	24,25
あるく 1 ＜2分音符の速さの のんびりあるき＞	石丸由理／曲	28
あるく 1のバリエーション ＜4分音符の速さの 静かなあるき＞	石丸由理／曲	28
あるく 2 ＜お散歩あるき＞	石丸由理／曲	29
あるく 2のバリエーション ＜元気なあるき＞	石丸由理／曲	29

II 前菜 はじめのリトミック

曲名	作詞・作曲者等	ページ
いとまき	作詞不詳 外国曲 石丸由理／編曲	52,53
むすんでひらいて	作詞不詳 J.J.ルソー／曲 石丸由理／編曲	54,55
パンケーキ	石丸由理／詞・曲	56,57
幸せなら手をたたこう	木村利人／詞 アメリカ曲 石丸由理／編曲	58,59
ちいさなはたけ	作詞不詳 外国曲	60,61
おべんとうばこのうた(おにぎり)	わらべうた	62
おべんとうばこのうた(サンドイッチ)	わらべうた（補作不詳）	63
はちべえさんとじゅうべえさん	わらべうた	64,65

III 主菜 メインのリトミック

曲名	作曲者等	ページ
ミッキーマウスマーチ	Words and Music by Jimmie Dodd 石丸由理／編曲	76,77
さんぽ	久石 譲／曲 石丸由理／編曲	78,79
ちゅうりっぷ	井上武士／曲 石丸由理／編曲	80,81
ぶらんこ ＜速いスイング＞	芥川也寸志／曲 石丸由理／編曲	82
ゆっくりのぶらんこ ＜ゆっくりのスイング＞	芥川也寸志／曲 石丸由理／編曲	83
ぎったんばっこ	石丸由理／曲	84,85
きしゃぽっぽ	草川 信／曲 石丸由理／編曲	86,87
バスバスはしる	外国曲 石丸由理／編曲	88,89
10人のインディアン ＜ジャンプ＞	アメリカ曲 石丸由理／編曲	94
10人のインディアン ＜ゆっくりのスキップ＞	アメリカ曲 石丸由理／編曲	95
ころがる ＜木を転がす＞	バイエル曲	96
とってとって	石丸由理／詞・曲	97
ひろってひろって	石丸由理／詞・曲	97
1234 お山	石丸由理／詞・曲	98
1234 お山 ひっくりかえり	石丸由理／詞・曲	99
セブンステップス	作詞不詳 アメリカ曲 石丸由理／編曲	100,101
ポーズあそび	石丸由理／曲	102,103
きらきら星	フランス曲 石丸由理／編曲	104
駆け足じゃんけんの弾き方	石丸由理／編曲	105
スキップじゃんけんの弾き方	石丸由理／編曲	105
きらきらじゃんけん ＜きらきら星・後半駆け足バージョン＞	石丸由理／編曲	108,109

IV デザート まとめのリトミック

曲名	作曲者等	ページ
おともだちになっちゃった	石丸由理／詞・曲	120,121
きょうからともだち	一樹和美／詞 石丸由理／曲	122,123
まわせまわせ	石丸由理／詞・曲	124,125
なべなべそこぬけ	わらべうた 石丸由理／編曲	126,127
うみはともだち	一樹和美／詞 石丸由理／曲	128,129
ヘビのえかきうた	わらべうた	130
サカナのえかきうた	わらべうた	130
カニのえかきうた	石丸由理／詞・曲	131
みぎてとひだりて	石丸由理／詞・曲	132,133
くり くり くり	石丸由理／詞・曲	134,135
ゾウさんのおともだち	石丸由理／詞・曲	136,137
やまのなかをあるいていたら	石丸由理／詞・曲	138,139
サンタクロースのプレゼント	石丸由理／詞・曲	140,141

あとがき

水族館の大きな水槽の中には、大きな魚と小さな魚が泳いでいますが
小さな魚は群れで動くことで、大きな魚に食べられないようにするそうです
しかし、水族館は恵まれた環境の中、するとそんな小魚な群れの中に
一緒に行動しないのんびり動く魚が出てくるそうです
そこで、水槽に活きの良い大きな魚を加えると、急に小魚の動きが、シューッと
切れの良い群れに変わるそうです

こどもたちは、誰でも可能性を秘めています
先生の取り組みや頑張り、こどもへの思いで、日々成長していきます
こどもたちの無邪気に喜ぶとびっきりの笑顔が、たくさん生まれます様に！

この本の製作にあたり、ひかりのくにの岡本功社長、書籍編集部の安藤憲志様、動きの
下絵を描いてくださった、ユリ・リトミック教室、松本ゆり先生に大変お世話になりました
心からお礼申し上げます

石丸由理

著者●石丸 由理（いしまる ゆり）

著者プロフィール

国立音楽大学卒
ロンドン・ダルクローズ音楽研究所卒
　ダルクローズ・リトミック 国際ライセンス取得
ニューヨーク大学大学院 修士課程修了

　日本音楽著作権協会（JASRAC）正会員

NHK教育テレビ小学校低学年音楽番組＜ワンツーどん＞＜まちかどドレミ＞
＜ドレミノテレビ＞ NHKBS＜みんなDEどーも！くん＞等の番組を担当
NHK学園オープンクラス≪シルバーピアノ・バイオリン≫の講座を担当
ミッドタウンにて≪親子のリトミック≫、姫路・国立・富士河口湖町の保育園にて
『こども未来プロジェクト』としてリトミック・プログラムを展開
定期的にリトミック指導者講習会を開催

ユリ・リトミック教室主宰　　教室URL：http://www.yuri-rhythmic.com/

基礎からわかる
リトミック！ リトミック！

2017年4月　初版発行
2024年2月　第6版発行

著　者　石丸由理
発行人　岡本 功
発行所　ひかりのくに株式会社
〒543-0001　大阪市天王寺区上本町3-2-14　郵便振替 00920-2-118855　TEL 06-6768-1155
〒175-0082　東京都板橋区高島平6-1-1　郵便振替 00150-0-30666　TEL 03-3979-3112
ホームページアドレス　https://www.hikarinokuni.co.jp
乱丁、落丁はお取り替えいたします。

印刷所　TOPPAN株式会社
©2017　Yuri Ishimaru
JASRAC　出1703124-406

Printed in Japan
ISBN　978-4-564-60899-5　C3037
NDC376　144p　26×21cm

STAFF

本文イラスト／内野しん／むかいえり
編集・本文デザイン・レイアウト／ Circus・太田吉子
楽譜浄書／福田楽譜
編集担当／安藤憲志
校正／永井一嘉・永井裕美

本書のコピー、スキャン、デジタル化等の無断複製は著作権法上での例外を除き禁じられています。本書を代行業者等の第三者に依頼してスキャンやデジタル化することは、たとえ個人や家庭内の利用であっても著作権法上認められておりません。